U0367596

创新型司法

数字经济治理规则生成研究

彭春 著

上海交通大学出版社
SHANGHAI JIAO TONG UNIVERSITY PRESS

内容提要

数字经济治理正成为世界主要国家和经济体持续关注的核心议题之一。在当前世界范围内，不同数字经济治理规则存在较大的差异，以规则创新推动创新发展，以法院裁判规则引导支撑、服务保障数字经济发展正成为我国法院的重要职能和责任。本书结合法院典型诉讼争议进行数字经济治理创新规则解析，以"推动—演化—协调型生成规则"理论模型为基础对法院的创新型司法活动进行体系建构和前瞻性研判。

本书可为法学院教师、学生研究数字经济法治理论，为律师、公司法务开展诉讼仲裁、企业合规业务，为经济、科技领域人士学习了解数字经济司法治理裁判标准和司法政策提供参考。

图书在版编目（CIP）数据

创新型司法：数字经济治理规则生成研究 / 彭春著
—上海：上海交通大学出版社，2024.6
ISBN 978-7-313-30818-4

Ⅰ.①创…　Ⅱ.①彭…　Ⅲ.①信息经济-经济法-研究-中国　Ⅳ.①D922.29

中国国家版本馆 CIP 数据核字（2024）第 108761 号

创新型司法：数字经济治理规则生成研究
CHUANGXIN XING SIFA: SHUZI JINGJI ZHILI GUIZE SHENGCHENG YANJIU

著　　者：彭　春
出版发行：上海交通大学出版社　　　　地　　址：上海市番禺路 951 号
邮政编码：200030　　　　　　　　　　电　　话：021-64071208
印　　刷：苏州市古得堡数码印刷有限公司　经　　销：全国新华书店
开　　本：880mm×1230mm　1/32　　印　　张：6.375
字　　数：168 千字
版　　次：2024 年 6 月第 1 版　　　　　印　　次：2024 年 6 月第 1 次印刷
书　　号：ISBN 978-7-313-30818-4
定　　价：68.00 元

前　言

进入 21 世纪之后,数字经济治理成为世界主要国家和经济体持续关注的核心议题之一。在不同的国家或者地区,数字经济治理规则存在较大的差异,不同规则反映了不同区域内经济、政治、社会、文化的实际情况,同时不同规则之间的博弈正成为全球竞争的重要组成部分。面对数字经济蓬勃发展的国内外形势,以规则创新推动创新发展,以法院裁判规则引导支撑、服务保障数字经济发展正成为我国法院的重要职能和责任。

数字经济在发展过程中出现了安全风险、贸易障碍、宏观调控、市场秩序、公共利益、权益保障、数字鸿沟等多方面的突出问题。为了应对这一系列问题,世界主要国家和地区都推出了的相应治理措施,我国围绕数字经济治理也逐步建立起了法律制度体系框架。然而,在实践领域,囿于数字经济和科学技术发展的特点,很多数字经济治理规则并不具有普遍性的"法律"意义,有时甚至一个行业、一个企业、一个专家就能在一定时间内确立某些规则和标准,这给法律的制定与解释带来了极大的挑战;在理论领域,数字经济治理相关研究逐步从管理学、经济学领域扩展到了法学、交叉研究领域,但仍未形成完整的理论与应用法学体系,严重滞后于数字经济实践,甚至无法及时精准解释某些热点争议。

当前亟待关注和解决的问题是，面对立法与理论的相对滞后性，法院却无法回避与数字经济相关的争议问题，且必须依法及时处理经济社会发展中的相关矛盾纠纷。可以说，在国家统一部署数字经济发展的"四梁八柱"——基础制度建立起来后，法院虽然处于维护公平正义的"最后一道防线"，但却站在了数字经济治理的最前沿，其缘由正是我国法院具有维护稳定、保障发展、为民司法、化解纠纷等目标职能，并且在树立数字经济治理规则方面具有权威性、公共性、及时性等天然优势。从当前的涉数字经济诉讼案件看，法院通过裁判形成的规则具有明显的创新性和政策性，有力地支撑了数字经济的发展。值得关注的是，法院对涉数字经济诉讼案件的研究处理还需要更进一步，例如加快对生效案件、裁判规则的梳理整合，尽快形成裁判规则体系，出台司法解释；建立起对涉数字经济案件的甄别机制和涉数字经济的专门案由体系，避免将新类型案件全部或者大部分纳入"不正当竞争""合同纠纷""侵权纠纷"等"箩筐"并分配到不同审判业务部门；坚持能动履职，加大与政府部门、行业组织、重点企业的协作，在新经济形态和新技术实施前期主动引导数字经济规则的建立与完善，做好法治宣传工作；加强对法院参与数字经济治理的理论模型和体系建构研究，实现对部门前沿问题和关键问题的攻关性突破。

本书共分为8章。第1章法院与经济发展，对司法与经济发展的关系研究以及建立的理论分析模型进行简要回顾，分阶段分领域对我国关于法院与现代经济发展的理论研究进行了梳理。第2章法院与数字经济发展，对数字经济的概念、发展现状、主要问题进行了归纳，从实践和理论两个角度梳理了我国加强数字经济治理对策研究的成果，并重点分析了我国法院参与数字经济治理的理论与实践。第3章数字经济产权确权规则的创新生成，从个人数据权益的司法保护、经营者数据权益的保护、公共数据权益的司法保护三个方面梳理了涉数字经济诉讼案件的创新规则。第4章数字经济交易规则的创新生成,从一般合同中的数据交易保护、数字知识产权相关权益的司法保护、数字金融相关权益的司法保护三个方面梳理了涉数字经济诉讼案件的创新规则。第5章数字经济反不正当竞争规则的创新生成,从直接影响运营环境、直接影响网络用户行为、侵害他人数据资源权益三个方面梳理了涉数字经济诉讼案件的创新规则。第6章数字经济反垄断规则的创新生成,从相关市场的认定、市场支配地位、滥用市场支配地位三个方面梳理了涉数字经济诉讼案件的创新规则。第7章惩治数字经济犯罪规则的创新生成,从计算机信息系统相关罪名、其他相关罪名两个方面梳理了涉数字经济诉讼案件的创新规则。第8章法院创新生成数字经济治理规则的理论模型与前瞻,发现法院对新类型涉数字经济案件作出裁判时具有"推动—演化—协调型生成规则"的理论模型特征,据此建议设计"中国式审判现代化服务保障数字经济发展的制度供给框架",并对涉数字经济诉讼案件中发现的重点和关键问题进行破题攻坚。

回溯本书选题与写作的全过程,存在不少疑惑,也存在一些当前无法解决的问题。然而,本着"山随平野尽,江入大荒流"的学术理想,如果通过阅读本书,读者大致能观察和体会到"创新型司法"的价值和进路,或许也在一定程度上实现了法学学者和研究人员所追求的目标价值。

在本书的写作过程中,我要衷心感谢季卫东教授、时建中教授、龙翼飞教授、彭诚信教授、吴宏伟教授、石佳友教授、王先林教授、张世明教授、杨力教授、李学尧教授等学者给予我的指导和帮助;要衷心感谢上海交通大学博士后流动站以及政法系统里给予我大力支持的朋友们,恕不在此一一列举;要衷心感谢上海交通大学出版社编辑为拙著付出的艰辛劳动;更要衷心感谢我的每一位家人,特别是我的妻子——是你们让我在学术之路上有了披荆斩棘、勇往直前的勇气和底气。

岁月不居,时节如流。作为人类共同的文明成果,学术研究将在今后应对全球挑战、推进国家治理、促进经济发展、激励科技创新、维系社会稳定等各个方面发挥更加独特且重要的作用。参与学术研究的使命是光荣的,过程是辛苦的,在此,也一并期望自己能勤勉思考、笔耕不辍,一直投身于学术研究事业!

目　录

第 1 章 法院与经济发展

我国法学界对于司法与现代经济发展的研究始于 20 世纪 90 年代,表现出实践先行、理论后进的特点。并且,法律实务界的实践需求与法学理论界的分析重点存在一定程度的差别,表现出起点各异、相向而行的特点。

1.1 我国对法院与现代经济发展的理论探索

法律实务界为了服务保障经济建设、满足人民日益增长的美好生活需要,率先结合不同性质和类别的诉讼案件讨论了法院如何服务和保障经济发展的问题。例如,任建新提出,必须坚持审判工作为经济建设服务的指导思想,通过审判活动促进社会主义市场经济体制的建立和完善,依法保护有利于解放和发展生产力的行为,限制不利于解放和发展生产力的行为,制裁那些破坏解放和发展生产力的行为。[①] 陈肖尔等提出,法院通过审理诉讼案件调整国民经济生产流通领域内的经济关系、制裁不正当竞争者、保护公平自由竞争,并且在新出台的经济政策指导下执行法律、克服现行法律中不合时宜

---

① 任建新:《关于今后人民法院的工作任务》,载《人民司法》1993 年第 5 期,第 1 页。

或者阻碍经济发展的某些规定。[1] 李阿宁等发现,德州地区两级法院派出 500 多个巡回法庭深入厂矿企业和金融部门,通过法治宣传、职员培训、修改合同等方式"找米下锅",80％的已结一审经济纠纷案件均是通过上门服务后收案审理。[2] 张茹先等发现,为解决浙江省浦江县的针织、磨珠、花边、五金等行业劳动力不足的问题,当地法院充分保护来自江西、贵州、四川、安徽等地打工人的劳动权益,做好与劳动争议相关的司法延伸服务,推动浦江经济的有序发展。[3] 湖南省高级人民法院经一庭提出,在审理国有大中型企业破产案件中,按照国务院确定的破产试点城市的范围,通过严格适用政策规定,将职工的养老保险金转为职工股,将企业依法转换为股份制企业;对非试点城市的国有企业破产案件,依照相关法律进行破产还债,通过整体拍卖方式增加社会就业、减少社会失业人员。[4]

在法学理论界,受"法律的经济分析"学术路径的影响,更注重讨论经济体制改革、经济分析方法如何影响司法实践和理论。例如,蒋兆康提出,不同的财产制度会给予个人不同的约束、改变获利的机会、影响做出的选择,从而最终影响资源的配置、财富的分配和经济社会的发展;每一个官员(含法院官员)都是理性的个体,只有当新的法律供应能给他们带来便利时他们才会支持和实施特定法律。[5] 苏力提出,社会生活本身并不存在明确实在的法律与经济的界限,在许

---

① 陈肖尔、吴海星、雪玉玲等:《法官谈社会主义市场经济与经济审判工作》,载《中外法学》1993 年第 3 期,第 54－61 页。

② 李阿宁、赵群力:《德州两级法院经济审判有新举措》,载《人民司法》1994 年第 6 期,第 16 页。

③ 张茹先、朱希伟、张红峰:《充分运用审判职能 依法保护"打工族"的合法权益》,载《浙江经济》1995 年第 2 期,第 63－64 页。

④ 湖南省高级人民法院经一庭:《依法审理经济纠纷案件 全力维护社会稳定》,载《人民司法》1997 年第 8 期,第 11－13 页。

⑤ 蒋兆康:《市场经济及其法律需求与供给:一种法律经济学分析》,载《法学》1993 年第 3 期,第 6－10 页。

多经济社会领域两者是交叉、重叠、互相嵌合的,当法院以积极的态度参与经济社会生活时,其代表的力量与经济社会中的其他力量必然会发生冲突。[①] 王晓晔提出,反垄断法是建立和完善社会主义市场经济体制的保障,政府在反垄断法实施中发挥了主要作用,对企业规模和产业发展产生重要的影响作用,对行政裁决不服时可提请法院审核裁决。[②] 郑凯提出,一百多年的历史证明,经济起飞伴随犯罪现象增加是世界犯罪史上的共同现象,经济发展通过中介环节才能与犯罪相互联系,即当经济发展影响精神生活、社会结构且社会控制能力相对降低时刑事案件才会增多。[③] 冯玉军认为,法律供给是国家机关强制或意愿进行的立法、司法、执法等活动的总称,人们的收入水平和收入增长差异等决定着法律需求规模和层次,法院在一定范围取代私力救济能带来规模经济效益。[④]

　　然而,对于司法如何影响经济发展的问题,法学则更多地"拱手"让给制度经济学、行为经济学来进行研究。例如,南岭提出,产权与交易是经济活动中最复杂最基本的关系,产权和交易的法治化影响经济发展的绩效和水平,其中法院是确定产权的重要决定因素,同时是对交易进行裁决、验证其正当性和价值性的重要一环。[⑤] 翟林瑜论证,"软制度"的契约与"硬制度"的法律制度在一定范围内有可替代性,人们为了节省成本而往往选择法庭外解决纠纷的契约方式,然

[①]　苏力:《法律活动专门化的法律社会学思考》,载《中国社会科学》1994年第6期,第117－131页。

[②]　王晓晔:《社会主义市场经济条件下的反垄断法》,载《中国社会科学》1996年第1期,第72－85页。

[③]　郑凯:《经济发展与刑事犯罪的关系探讨》,载《中央政法管理干部学院学报》1998年第5期,第13－15页。

[④]　冯玉军:《法律经济学论略》,载《西北师大学报(社会科学版)》1999年第4期,第88－92页。

[⑤]　南岭:《论突出产权与交易的法制建设》,载《中国法学》1996年第1期,第55－61页。

而"软制度"是否起作用、起多大作用取决于"硬制度"的参照系，没有一套公正高效、有公信力的法院制度和诉讼机制，一味强调契约的作用是危险而有害的。[①]

1.2　我国对法院与现代经济发展的深入研究

进入新世纪后，受国家宏观发展战略的牵引性影响，我国通过法院服务保障经济发展的实践需求更加强烈。法院在办理案件时，会现实地面对如何应对经济发展的决策难题。例如，四川省高级人民法院在面对 2008 年国际金融危机对地方经济造成的不利影响时提出，集中执行追缴欠款的部分企业正好是受危机影响的企业，特定时期的清理执行积案与服务企业安全过冬、维护金融稳定与维护投资就业之间存在必然的紧张关系，法院对公共政策的研究和准备不足制约了司法功能的发挥。[②]《最高人民法院关于深化人民法院司法体制综合配套改革的意见——人民法院第五个五年改革纲要(2019—2023)》中首次将"司法与发展"问题列入基本原则，要求"坚持服务保障大局""牢固树立新发展理念，为推动经济高质量发展提供优质司法服务，为优化营商环境、推动形成更高层次改革开放新格局营造良好法治环境，为保持经济持续健康发展和社会大局稳定提供有力司法保障"；首次将服务保障"经济高质量发展""国家重大发展战略"问题列为十大专章任务，要求"围绕坚决打好防范化解重大风险、精准脱贫、污染防治三大攻坚战，强化审判指导，完善工作机制，营造良好法治环境""积极创新司法协同机制，为京津冀协同发

[①]　翟林瑜:《经济发展与法律制度：兼论效率、公正与契约》,载《经济研究》1999 年第 1 期,第 73 - 79 页。

[②]　陈明国、沈茂国等:《人民法院服务经济发展的有关法律政策问题的调研报告》,载《人民司法》2009 年第 7 期,第 45 - 48 页。

展、雄安新区建设、长江经济带发展、粤港澳大湾区建设和自贸区建设等提供更有力的司法服务和保障""支持海南全面深化改革开放,对海南建设自由贸易试验区、自由贸易港提供有力司法支持""健全打造国际化、法治化、便利化营商环境司法服务和保障机制,配合中央有关部门研究制定建设法治营商环境的实施规划""健全'一带一路'国际商事争端解决机制""健全产权司法保护配套机制。健全以公平为核心原则的产权保护制度""充分发挥司法保护知识产权的主导作用,更好服务创新驱动发展战略"。从逻辑上可以推断,国家决策层应该相信,法院在处理具体诉讼争议时,可以建构和实现保障经济发展的重要制度机制体系。

在同一时期,学术界关于司法与现代经济发展主题的讨论范围更加宽泛,内容更加深刻。

法学基础理论研究领域对此主题投入了较多关注。侯猛提出,"中福实业公司担保案"表明,最高人民法院的行为不仅仅局限于解决个案纠纷,更具有形成新的经济规则的意义,[1]而当规制经济的成本过高时其应退出市场,由立法、行政替代。[2] 冉井富提出,经济发展与诉讼率变迁的联系是密切的、关系是复杂的,处于现代化进程中不同阶段的经济发展状况对不同纠纷诉讼率的影响方式、途径和程度是不同的,同时诉讼率的实际变化还要考虑现代化以外的诉讼模式、司法政策等因素的作用。[3] 丁以升提出,司法与市场不是两个互相隔绝的领域,并没有很大的差异性,司法行为是围绕着权利的取得

---

[1]　侯猛:《最高法院规制经济的功能:再评"中福实业公司担保案"》,载《法学》2001 年第 12 期,第 112 - 119 页。

[2]　侯猛:《最高人民法院如何规制经济:外部协调成本的考察》,载《法商研究》2004 年第 6 期,第 58 - 68 页。

[3]　冉井富:《现代进程与诉讼:1978—2000 年社会经济发展与诉讼率变迁的实证分析》,载《江苏社会科学》2003 年第 1 期,第 87 - 94 页。

与让渡而进行的交易，并可以被还原为法院、法官和当事人之间进行的博弈，司法行为带有功利性的目标、会产生"市场成本""市场失灵"，并且对公共政策执行产生影响。① 刘思达提出，经济高度增长对司法工作产生了巨大压力，法院中心法庭的设立以及地点设置主要是根据经济发展区域因素而进行的司法体制制度创新，并不掺杂自上而下的国家权力的影响。② 汤鸣、李浩提出，我国诉讼率的变化验证了诉讼率与经济发展之间的关系，诉讼率与我国人均 GDP、企业数量的变化轨迹等密切相关，这不仅表现为经济增长越快，诉讼率越高，还表现为经济波动越大，诉讼率越高。③ 李清池提出，"法与金融"学派的研究证明了司法制衡与经济自由和投资环境之间关系紧密、大陆法系的司法程序更加烦琐、普通法系比大陆法系更有益于经济发展，同时也检讨了司法、金融与发展量化比较研究的不足。④ 孙佑海提出，现代化进程中各种社会矛盾的多发、突出和集中带有一定的普遍性和必然性，金融法庭、环保法庭等法院专业化审判组织的建立对保障和服务经济发展方式的转变将产生重大而深远的影响。⑤ 李建州、蒋亚辉提出，人口流动会增加司法程序运行的成本、引发司法程序运行困境，司法程序的改革措施也属于流动人口管理的范畴，对流动人口的诉权保护符合流动人口管理的发展趋势，有利于经济

---

① 丁以升：《法律经济学的意义、困境和出路》，载《政治与法律》2004 年第 2 期，第 27 - 33 页。
② 刘思达：《法律移植与合法性冲突：现代性语境下的中国基层司法》，载《社会学研究》2005 年第 3 期，第 20 - 51 页＋第 242 - 243 页。
③ 汤鸣、李浩：《民事诉讼率：主要影响因素之分析》，载《法学家》2006 年第 3 期，第 109 - 117 页。
④ 李清池：《法律、金融与经济发展：比较法的量化进路及其检讨》，载《比较法研究》2007 年第 6 期，第 60 - 72 页。
⑤ 孙佑海：《〈关于为加快经济发展方式转变提供司法保障和服务的若干意见〉的理解与适用》，载《人民司法》2010 年第 21 期，第 20 - 23 页。

社会又快又好发展。① 黄韬提出,法院在审理案件过程中既通过运用公共治理者身份适用超越现有法律规则的"非正式制度",又会以金融市场利益为由将特定案件"挡"在法院院墙之外,法院始终在行使创制金融法律规则的权力并能动地"跟进"现实金融市场的发展。② 周林彬等提出,法院并非"法律传送带",而是通过加强法律实施进行"能动司法""主动型司法"并服务于经济发展,这也是中国法律与经济发展实践契合"产权论""契约论"的一个重要标志。③ 刘磊提出,因为司法系统嵌入党政体制的整体治理结构,需要结合党政体制的总体布局开展司法活动,基层法院参与县域经济发展,对县域经济发展的回应具有较大的自主性,但不意味着普遍存在司法地方保护主义。④ 马国洋、丁超帆提出,城市经济发展深刻影响着司法发展,城市经济发展水平与司法发展水平呈显著的正相关性,司法权力、司法程序、司法公开等与经济发展关联性较强,司法文化、当事人诉讼权利、法律职业化等与经济发展关联性较弱。⑤

　　部门法亦对此主题开展了相关研究。赵海峰、李滨提出,欧盟法院以积极主动的司法能动主义精神,充分运用其独有的司法职能,对欧洲的一体化进程作出了其他国际司法机构无法比拟的重要贡献,

---

① 李建州、蒋亚辉:《司法运行困境引起的流动人口管理改革思考》,载《人民司法》2011年第 13 期,第 93 - 97 页。
② 黄韬:《公共政策法院:中国金融法制变迁的司法维度》,法律出版社 2013 年版,第126、184 页。
③ 周林彬、王睿:《法律与经济发展"中国经验"的再思考》,载《中山大学学报(社会科学版)》2018 年第 6 期,第 19 - 28 页。
④ 刘磊:《基层法院对县域经济发展的回应形态及其形塑机理:兼评司法地方保护主义话语》,载《华中科技大学学报》2019 年第 5 期,第 93 - 103 页。
⑤ 马国洋、丁超帆:《论城市经济发展对司法发展的影响:基于全国 31 个直辖市和省会城市的调查分析》,载《城市发展研究》2021 年第 6 期,第 29 - 33 页。

并且对中欧不同产业贸易的发展产生了重要影响。① 周晖国提出，为减轻宏观经济形势变化对地方经济发展的冲击，地方法院通常采取建立诉讼"绿色通道"、慎用和善用保全和强制执行、采用活查封和反担保、促成分期分款调解协议等能动司法举措，服务经济"保增长、促转型"的目标。② 戴龙提出，以美国为代表的司法主导型和以欧洲为代表的行政主导执法模式在国家经济政策、法律的执行标准和效力方面存在较大差异，并且由于全球竞争规则的缺失，第二次世界大战后美国率先打破国际法中的属地主义管辖原则而创设出将国内法律适用于国外企业行为的"效果原则"，进而发展出反垄断法域外管辖制度。③ 史际春提出，法律适用过程中对法条的解释依据政策和法的理念作改变，这种政策依据就包括了经济发展方式转变、社会主义市场经济体制改革等，司法只有提高政策水平才能让当事人信服，进而赢得社会的普遍敬重。④ 周林彬、陈胜蓝提出，在不同经济领域，法院发生作用的能动性与效果有所不同，法院对证券市场领域的作用相对保守和被动，对民间借贷领域的作用相对积极并促成了民间借贷市场的形成，对国有金融资产保护领域的作用则更加积极明显，即与国家利益保护相关的司法能动性更强、影响力更深。⑤ 罗东川等提出，民间借贷已经从传统意义上个人之间为满足生活需要而发生的偶发性经济往来关系扩张为企业之间的投融资关系，法院对

---

① 赵海峰、李滨：《欧盟法院体系：区域经济一体化司法机构的典范》，载《人民司法》2005年第7期，第92-96页。
② 周晖国：《坚持主动作为 助推经济发展：南京法院积极服务"保增长、促转型"目标的调研报告》，载《人民司法》2009年第9期，第62-64页。
③ 戴龙：《我国反垄断法域外管辖制度初探》，载《法学家》2010年第5期，第127-137页＋第179页。
④ 史际春：《转变经济发展方式的法治保障》，载《安徽大学学报（哲学社会科学版）》2011年第5期，第63-68页。
⑤ 周林彬、陈胜蓝：《商事审判在中国经济发展中作用探析》，载《理论学刊》2011年第8期，第56-58页。

待民间借贷纠纷的态度应该是在化解个案纠纷中促进民间借贷规范化和阳光化发展、促进经济发展。[①] 吴汉东等提出,知识产权日益成为国家发展的战略资源和国际竞争力的核心要素、成为建设创新型国家的重要支撑和掌握发展主动权的关键,我国知识产权司法的作用不仅要表现在处理诉讼个案上,还要表现在促进生产力发展上,[②]即以制度创新推动知识创新、以法治建设保障创新发展。[③]

此外,在经济学研究领域。陈信元、李莫愁等通过事件研究法发现,司法是影响转型经济国家投资者保护的重要因素,依法合理处理地方政府与法院的关系是加强投资者保护需要解决的体制性问题,通过设立专门法院和法庭管辖全国、跨省的证券民事案件是解决相关问题的有益探索。[④] 石俊华提出,反垄断法本身具有诸多不确定性,法院在判断市场支配地位、限制竞争等定位和行为时会考虑或者兼顾产业政策实施的问题,在客观上促进了产业政策与竞争政策的协调以及国家经济的发展。[⑤] 刘强、赵顺龙借鉴柯布-道格拉斯生产函数模型,将知识产权引入内生经济增长模型,证明当知识产权保护增强 1% 时会带来经济 0.34% 的增长,提出应当通过打击知识产权犯罪等方式加大对知识产权的保护力度、促进经济增长。[⑥] 李辉、李一璇等利用 23 个地级市的面板数据验证,司法信任可以减少经济交易

---

① 罗东川、吴兆祥、陈龙业:《〈关于依法妥善审理民间借贷纠纷案件促进经济发展维护社会稳定的通知〉的理解与适用》,载《人民司法》2012 年第 7 期,第 47 - 50 页。

② 吴汉东、锁福涛:《中国知识产权司法保护的理念与政策》,载《当代法学》2013 年第 6 期,第 42 - 50 页。

③ 吴汉东:《中国知识产权制度现代化的实践与发展》,载《中国法学》2022 年第 5 期,第 24 - 43 页。

④ 陈信元、李莫愁、芮萌等:《司法独立性与投资者保护法律实施:最高人民法院"1/15 通知"的市场反应》,载《经济学(季刊)》2009 年第 1 期,第 2 - 29 页。

⑤ 石俊华:《论反垄断法实施后我国产业政策与竞争政策的协调》,载《云南社会科学》2009 年第 1 期,第 99 - 103 页。

⑥ 刘强、赵顺龙:《知识产权保护与经济发展关系研究》,载《商业时代》2012 年第 25 期,第 100 - 101 页。

成本、显著促进地方经济增长，只有将司法改革与经济改革纳入同一发展轨道才能真正实现地方经济繁荣发展。[1]

在历史学研究领域，胡晓进、任东来认为，19世纪20年代至20世纪20年代美国联邦最高法院通过一系列的判决实现了公司身份与法律地位的人格化，"以'正当程序条款'取代'契约条款'"理顺了铁路公司与独立监管机构之间的关系，对反垄断法进行合理性解释，在推动公司成长、经济发展过程中发挥了重要作用。[2] 韩轶认为，美国法院在一定程度上决定了国家经济发展的方向、财富分配的模式，这是由美国法院在历史进程和国家结构中的特殊地位决定的，其实际上成为一个集司法、立法、执法功能于一身的超级机构并参与解决经济发展中的各种问题。[3]

---

[1] 李辉、李一璇、赵家正：《经济增长与司法信任关系的实证研究》，载《西安科技大学学报》2021年第6期，第1098－1105页。

[2] 胡晓进、任东来：《联邦最高法院与现代美国公司的成长》，载《南京大学学报》2005年第4期，第38－46页。

[3] 韩轶：《美国宪政民主下的司法与资本主义经济发展》，上海三联书店2009年版，第4页。

第2章　法院与数字经济发展

近年来,互联网、大数据、云计算、人工智能、区块链等技术加速创新,数字经济发展速度之快、辐射范围之广、影响程度之深前所未有,并正在成为重组全球要素资源、重塑全球经济结构、改变全球竞争格局的关键力量。围绕加快建设"数字中国"的目标,党的二十大作出了"加快发展数字经济,促进数字经济和实体经济深度融合,打造具有国际竞争力的数字产业集群""完善产权保护""发展数字贸易""推进教育数字化""实施国家文化数字化战略""强化数据安全保障"等一系列重要部署。与此同时,数字经济在快速发展中也出现了一些不健康、不规范的苗头和趋势,这些问题不但影响数字经济健康发展,而且违反法律法规、对国家经济金融安全构成威胁。鉴于此,我国不断健全法律法规和政策制度,完善数字经济治理体系,在发展中规范、在规范中发展,不断提高数字经济治理体系和治理能力现代化水平,推动数字经济健康发展。

2.1　数字经济发展与治理

2.1.1　数字经济发展中的问题

数字经济是以数字化的知识和信息为关键生产要素,以数字技术创新为核心驱动力,以现代信息网络为重要载体,通过数字技术与实体经济深度融合,不断提高传统产业数字化、智能化水平,加速重构经济发展与政府治理模式的新型经济形态。[①] 美国是最早布局数字经济的国家,1998 年美国商务部发布了《浮现中的数字经济》等一系列报告。此后,其他主要国家和地区也加紧布局数字经济发展,制定战略规划,加大研发投入,力图打造未来竞争新优势。中国信息通信研究院《全球数字经济白皮书(2023 年)》的研究显示,2022 年,其所测算的 51 个国家数字经济增加值规模达 41.4 万亿美元,同比名义增长 7.4%,占 GDP 比重为 46.1%;产业数字化持续成为数字经济发展的主要引擎,占数字经济比重的 85.3%;第三产业数字化转型最为活跃,占行业增加值比重的 45.7%。从规模上看,美国数字经济规模居世界第一,达 17.2 万亿美元,中国数字经济规模居世界第二,达 7.5 万亿美元。从占比上看,英国、德国、美国数字经济占 GDP 比重均超过 65%。从增速上看,沙特阿拉伯、挪威、俄罗斯数字经济增长速度居全球前三位,增速均在 20% 以上。我国在数字经济方面,城市空间牵引模式形成以北京、上海、深圳等一批城市为轴心的级联牵引格局。根据北京市统计局发布的数据,北京持续推动"全球数字经济标杆城市"建设,是国家数字产业化的创新策源地和火车头,在数字经济牵引力图谱中处于核心地位,在数字经济规模和竞争力方面处于全国领先水平,其 2023 年数字经济增加值达到 1.8 万亿元,同比增长 8.5%,占地区生产总值的 42.9%。

数字经济的迅速发展,一方面推动各类资源要素快捷流动,各类市场主体加速融合,帮助市场主体重构组织模式,实现跨界发展,打破时空限制,延伸产业链条,畅通经济循环;另一方面发挥高创新型、强渗透性、广覆盖性的优势,打造新的经济增长点,支撑改造提升传

---

① 中国信息通信研究院:《中国数字经济发展白皮书(2017)》,2017 年 7 月。

统产业,推动构建现代化经济体系。数字经济已成为新一轮国际竞争的重点领域,是世界各国和地区把握新一轮科技革命和产业革命新机遇的战略选择。但同时,数字经济的发展也引发了一系列问题。

第一,数字安全风险方面的问题。戴丽娜提出,2013 年的"棱镜门事件"暴露了网络空间数据的巨大安全风险;2014 年的"索尼事件"造成 1 亿账户资料泄露,相关网络服务被迫关停 1 个月,损失1.71 亿美元。为此,世界主要经济体都加强了对网络数据的监管和保护。① 谢刚、冯缨、李治文等提出,数字身份具有脆弱性,系统错误会导致数字身份"查无此人"而不被识别,以欺骗方式获得受害人数字身份后可实施犯罪,通过数字挖掘和画像技术可将某个人身份与其隐私联系起来并进行二次利用,利益诱惑会导致个别政府人员违规出售大量个人身份信息数据。② 张影强提出,垃圾邮件滥发、网络病毒蔓延等顽疾以及利用计算机实施金融诈骗、盗窃、贪污、挪用公款、窃取秘密等网络犯罪,不但对全球安全体系形成挑战,而且成为全球经济增长的瓶颈。③ 周念利、李玉昊提出,作为数字经济引领者的美国和欧洲,其在数字经济治理上的争议主要集中于数据跨境自由流动、数据存储本地化、个人隐私保护等主题。④ 童锋、张革提出,随着物联网、云计算、大数据等新技术的发展,包括金融、能源、电力、交通等领域的关键信息成为网络攻击的重点目标,并且网络攻击目标不断扩展,攻击模式多样化、攻击的标准化特点更加突出,攻击的

---

① 戴丽娜:《数字经济时代的数据安全风险与治理》,载《信息安全与通信保密》2015 年第 11 期,第 89 - 91 页。
② 谢刚、冯缨、李治文、李文鹏:《大数据时代电子公共服务领域的个人数字身份及保护措施》,载《中国科技论坛》2015 年第 10 期,第 34 - 38 页。
③ 张影强:《推动建立全球网络空间治理体系的建议》,载《全球化》2017 年第 6 期,第 85 - 95页＋第 136 页。
④ 周念利、李玉昊:《全球数字贸易治理体系建构过程中的美欧分歧》,载《理论视野》2017 年第 9 期,第 76 - 81 页。

负面影响越来越深远，人类社会正走向"大安全"时代。① 阙天舒、王子玥提出，数据已经成为战略性资源、存在干预政治和颠覆政权等风险，数据资源的多寡决定了一国参与国际竞争的高低和在国际社会的政治经济影响力，西方发达国家已将数字安全治理纳入政治议题、不断推动数据安全立法向纵深化和精细化方向发展。② 唐巧盈、杨嵘均提出，数字经济时代的数据流动带来了经济效率、创新能力、社会福祉与主权国家发展之间的悖论，这既是一个国内问题也是一个国际问题，既涉及国内政策也涉及国际协调，这一悖论的产生基于国家层面（国家安全、地缘政治、经贸关系）、企业层面（企业创新、产业发展、全球竞争）、个人层面（个人隐私、数字鸿沟、社会福祉）三个方面的考虑。③ 龚强、班铭媛、刘冲提出，数据是数字经济的核心生产要素和创新动力源泉，然而当前我国数据交易市场存在重重挑战，市场主体积极性不高，数据交易活跃度较低，尤其是数据交易中潜在的数据安全风险成为众多市场主体"不敢交易、不愿交易"的隐忧，并形成"数据安全"与"数据流通"难以两全的悖论，极大制约了数据要素配置效率。④ 闫宇晨提出，在全球范围内与关键信息基础设施有关的重大网络安全事件频频发生，当前我国数字经济关键信息基础设施安全保护存在重预防轻恢复、网络安全信息共享机制缺失、供应链安全体系化保护不足等问题。⑤

---

① 童锋、张革：《中国发展数字经济的内涵特征、独特优势及路径依赖》，载《科技管理研究》2020 年第 2 期，第 262－266 页。
② 阙天舒、王子玥：《数字经济时代的全球数据安全治理与中国策略》，载《国际安全研究》2022 年第 1 期，第 130－154 页＋第 158 页。
③ 唐巧盈、杨嵘均：《跨境数据流动治理的双重悖论、运演逻辑及其趋势》，载《东南学术》2022 年第 2 期，第 72－83 页。
④ 龚强、班铭媛、刘冲：《数据交易之悖论与突破：不完全契约视角》，载《经济研究》2022 年第 7 期，第 172－188 页。
⑤ 闫宇晨：《数字经济关键信息基础设施安全保护义务：治理体系与改革建议》，载《科技管理研究》2023 年第 3 期，第 168－175 页。

　　第二,数字贸易障碍方面的问题。美国国际贸易委员会(2013)在全球首个数字贸易调研报告《美国和全球经济中的数字贸易》中提出,数字贸易是通过互联网传输而实现的与产品和服务相关的商业活动,数字贸易的内容包括数字音乐、数字游戏、数字视频、数字书等内容以及相关的社交网站、搜索引擎、软件、数据、通信、计算平台服务;数字贸易的挑战包括数据服务器本土化措施,数据隐私的分歧化保护措施,网络知识产权侵权和相关有条件的市场准入措施,阻断和过滤互联网内容及对相关平台的审查措施,移民限制等人才流动限制措施。程卫东提出,跨境数据流动在全球一体化中扮演了不可或缺的角色并使得国际金融市场、商品市场、劳务市场等均发生了深刻变化,跨境数据流动对国家经济、文化、信息主权会产生影响,跨境数据流动还会对个体隐私权、知识产权、商业秘密产生侵害。[1] 弓永钦、王健提出,数据外包业务是国际服务外包的重要组成部分且包括大量个人数据处理、隐私保护问题,欧盟立法要求本国的个人数据只能向能够提供"充分保护"的国家和地区传输,美国通过设置"安全港计划"对"港"内公司隐私保护行为实施监管。[2] 汤琪提出,数据交易中存在授权合法性、交易安全、交易成本、交易公平、交易保护五个方面的产权风险,我国大数据的交易实践已经远远领先于相关法律法规的建设,现有的产权制度无法满足大数据产业的发展需要,法律政策的缺乏、产权的不明晰都使不少的互联网企业对大数据交易的可行性持观望态度并严重限制了大数据交易的发展,当前大数据交易中产权问题仅仅依靠行业标准和规范是远远不够的。[3] 茶洪旺、

---

[1]　程卫东:《跨境数据流动的法律监管》,载《政治与法律》1998 年第 3 期,第 71 - 75 页。

[2]　弓永钦、王健:《个人数据跨境流动立法对我国数据外包业务的影响》,载《国际经济合作》2016 年第 4 期,第 20 - 25 页。

[3]　汤琪:《大数据交易中的产权问题研究》,载《图书与情报》2016 年第 4 期,第 38 - 45 页。

付伟、郑婷婷提出，美国推行全球数据自由流动政策，欧盟推行"外严内松"数据跨境流动政策，澳大利亚、俄罗斯、印度、巴西、越南等国家均推行数据本地化存储或者限制数据跨境流动的政策，以上国家和地区的数据跨境流动政策的实施条件、实施方式、监管方法等均存在不少差异，但是近年来各国和地区都在不断促进数据跨境流动国际规则的丰富和完善。① 刘宏松、程海烨提出，跨境数据流动领域并未形成全球性规制体系，当前跨境数据流动治理主要在欧盟和美国两个法域内实施且两者在价值理念、规制模式、企业竞争、隐私保护、数字服务税、境外管辖权等方面均存在较大差异，将来的全球跨境数据流动治理存在规制多极化和规制标准的俱乐部化、美欧继续争夺跨境数据流动规制主导权两种发展趋势。② 李昊林、彭樽提出，我国现行数字规则体系较多体现了安全性、有序性的要求，但对开放性、创新性的要求明显不足，表现为在公共数据开放、引导企业数据开放、数据跨境流通等方面缺少规则指引并影响了数据对经济发展和社会创新的促进作用，在数据跨境流动方面的合规性要求较为严苛并可能损害数据的流动性，在激励创新方面的准入资格限制、技术发展伦理规范方面的缺失均不利于数字经济创新发展。③ 沈玉良、彭羽、高疆等提出，第一代国际贸易规则的制定以货物贸易为主；第二代国际贸易规则的制定拓展到服务贸易和国际投资等国际商业活动领域；数字经济时代的数据使用权而非所有权影响国际贸易利益分配、数据跨境流动中商业和非商业因素相互交织，给新一代贸易规则的制

---

① 茶洪旺、付伟、郑婷婷：《数据跨境流动政策的国际比较与反思》，载《电子政务》2019 年第 5 期，第 123 - 129 页。

② 刘宏松、程海烨：《跨境数据流动的全球治理：进展、趋势与中国路径》，载《国际展望》2020 年第 12 期，第 65 - 88 页＋第 148 - 149 页。

③ 李昊林、彭樽：《良好数字生态与数字规则体系建构》，载《电子政务》2022 年第 3 期，第 31 - 38 页。

定带来严峻挑战。[①] 梅傲、黄林羚提出，当前我国数据跨境转移规则的主要问题是数据跨境转移规则立法碎片化、散乱化、操作性弱、限制严格，数据跨境转移监管较薄弱、监管权力较分散、监管效率和力度较低，数据跨境转移规则和国际战略不明确，国际数据跨境转移规则制定话语权缺失。[②]

第三，数字经济调控方面的问题。这是我国法学学者较早关注的数字经济法治领域问题，张泽平提出，形成于 20 世纪 20 年代的传统国际税收秩序在全球化和数字化的冲击下已不能适应当代跨国企业的新型经营模式，跨国企业利用其全球经营网络、数字化技术进行激进式税收筹划并使世界各国遭受巨大的税收损失，G20 和 OECD 主导的"税基侵蚀和利润转移行动"标志着国际税收秩序面临百年以来的首次重大变革，我国应当建立符合国情的国际税收规则体系。[③] 李平提出，推进数字经济国际税收合作协调面临一些问题，例如美国对于网上无形商品或者服务等跨境电商交易存在征收销售税的趋势、欧盟成员国对电子商务征收增值税、加拿大确定应通过"属人"与"属地"方式向数字企业征收交易税、印度主张对数字化商品征收关税和增值税。[④] 周克清、李霞提出，即便在一国内，也会面对未进行税务登记的个人纳税主体和大量"碎片化"交易导致"以票控税"制度失灵、纳税人的税负差异较大、税务行政部门不完全了解平台企业所

---

① 沈玉良、彭羽、高疆、陈历幸：《是数字贸易规则，还是数字经济规则？——新一代贸易规则的中国取向》，载《管理世界》2022 年第 8 期，第 67 - 83 页。

② 梅傲、黄林羚：《数据跨境转移的欧盟规则及对中国的启示》，载《国际贸易》2023 年第 3 期，第 37 - 44 页。

③ 张泽平：《全球治理背景下国际税收秩序的挑战与变革》，载《中国法学》2017 年第 3 期，第 184 - 201 页。

④ 李平：《数字经济下新商业模式的税收治理探析》，载《国际税收》2018 年第 5 期，第 16 - 19页。

掌握的数字经济信息等问题。① 殷兴山提出,数字化变革在有效提升金融服务的同时也带来以下问题和挑战,例如互联网平台在没有取得相应牌照和资质的情况下推销银行互联网产品并成为银行网点的线上延伸、部分金融违法犯罪行为借助科技手段隐藏真实业务数据与信息、在特定人群中出现"数字鸿沟""金融排斥""伪创新""创新不当"的效应等。② 张凯提出,金融数据治理面临多方面问题,例如强势主体分配、弱势主体承受风险等错配风险问题,"不愿""不敢""不能"进行数据共享问题,数据准确性和一致性不足的质量问题,不同金融机构特别是中小型金融机构的数据治理能力不足问题。③ 任保平、张陈璇提出,囿于数字经济发展依托于网络平台,数字企业初期发展多利用平台用户数量红利而易产生"数字泡沫",这使得数字产业的持续稳定发展面临许多风险,例如行业行情波动较大、产品周期缩短导致企业债务、技术漏洞、产品责任等纠纷。④ 郭雳提出,个人金融数据治理体系存在治理框架欠缺体系性与协调性、治理标准分级分类不周延、治理路径存在理论和现实障碍、治理对象与数据指控结构的紧张关系等突出挑战,反映出现有治理体系在治理框架、路径、对象和标准上存在局限性。⑤

第四,数字经济秩序方面的问题。蒋洁提出,信息爆炸时代的数据流动由点对点传送转变为随时产生商业后果的网络化数据处理,

① 周克清、李霞:《平台经济下的税收治理体系创新》,载《税务研究》2018 年第 12 期,第 73 - 77 页。
② 殷兴山:《大力推进金融业数字化改革》,载《中国金融》2021 年第 12 期,第 34 - 36 页。
③ 张凯:《金融数据治理的突出困境与创新策略》,载《西南金融》2021 年第 9 期,第 15 - 27 页。
④ 任保平、张陈璇:《中国数字经济发展的安全风险预警与防范机制构建》,载《贵州财经大学学报》2022 年第 2 期,第 1 - 13 页。
⑤ 郭雳:《数字化时代个人金融数据治理的"精巧"进路》,载《上海交通大学学报(哲学社会科学版)》2022 年第 10 期,第 15 - 27 页。

云环境是新世纪全球数据存储与运作的主要平台,云用户面临着服务商盲目的数据挖掘和对云用户数据隐私的"商品化"、云服务商内部员工的恶意侵害和操作失误、公权力机关在云服务商协助下的非法获取等侵权风险,应当寻求云服务有效运作与保障云数据隐私的动态平衡。[①] 褚童提出,试验数据保护是为了防止竞争者免费使用原创药厂花费大量时间与金钱获得的信息、以较低成本和较低价格在市场上与原创药品竞争并导致原创厂商承受无法回收高额投资的风险,如果政府不是因为公共利益或者紧急情况而对试验数据进行依赖或者披露,则构成对数据的不正当商业利用、违反不正当竞争的要求。[②] 熊鸿儒提出,各国针对大型互联网企业的反垄断监管由来已久,自 20 世纪末至今,微软、谷歌、亚马逊、ebay、Uber 等数字平台企业都曾经或者正在接受不同国家或者地区的反垄断调查,自 2013 年开始的"3Q 大战"、电商平台"二选一"、平台不兼容或者相互"屏蔽""大数据杀熟"等现象说明我国数字经济也面临垄断问题的挑战。[③] 赵剑波、杨丹辉提出,数字经济发展包括数字产业化、产业数字化、数字化治理"三化"领域,其中数字产业化包括基础设施、硬件制造、网络创新等产业链环节,产业数字化包括智能制造等产业领域,数字化治理包括智慧城市、电子政务等方面,但是数字经济发展也面对数据垄断势力可能被滥用、垄断推高数据流动壁垒、数据安全和个人隐私保护、数据争夺的不正当竞争等挑战。[④] 于施洋、王建

---

① 蒋洁:《云数据隐私侵权风险与矫正策略》,载《情报杂志》2012 年第 7 期,第 157 - 162 页。

② 褚童:《TRIPS 未披露试验数据的反不正当竞争保护:以 TRIPS 与〈巴黎公约〉相关条款为中心》,载《兰州大学学报(社会科学版)》2013 年第 6 期,第 77 - 83 页。

③ 熊鸿儒:《我国数字经济发展中的平台垄断及其治理策略》,载《改革》2019 年第 7 期,第 52 - 61 页。

④ 赵剑波、杨丹辉:《加速推动数字经济创新与规范发展》,载《北京工业大学学报》2019 年第 6 期,第 71 - 79 页。

冬、郭巧敏提出，数据具有一定程度的排他性、质量价值差异性、收集成本高等特征，存在缺乏数据标准化资产化商品化体系、缺乏数据收益和成本估算机制、缺乏充分的数据交易信任机制、缺乏数据定价模式等问题，这也加剧了数据垄断、数据滥用甚至数据诈骗等现象。[①] 张顺、费威、佟烁提出，"线上官方店铺""线上自营店家"等跨境电商活动中存在对进口商品产地来源信息缺乏登记备案、客服和物流信息不健全、消费者举报维权和退换货信息公开不够、平台信息追溯的可靠性和全面性较弱、检验检疫环节重视不够等问题，这对消费者人身和财产权益造成了现实的影响。[②] 唐要家提出，数字经济发展对传统监管体制的影响是全方位的，数字经济监管面临的最大风险是继续采用旧的监管理念、体制和政策，数字经济监管的挑战包括，数字经济使政府监管的前提已经由维护自然垄断和消除负外部性变为在维护公共安全和消费安全的情况下促进数据开放共享和鼓励创新、传统以命令和控制机制为核心的政府监管可能成为限制市场竞争和数字经济发展的障碍、数字经济监管需要由政府单一中心转向"政府＋平台"的双中心主体结构、各方面监管政策的滞后性。[③] 孙晋提出，数字平台的动态竞争、跨界经营、网络效应、寡头竞争等特征使得垄断问题严重且复杂，各个国家（地区）的基本共识是超级平台市场势力过于强大并且已严重危及市场公平竞争和技术创新，囿于各个国家（地区）对超级数字平台进行反垄断监管的动机有所不同

---

① 于施洋、王建冬、郭巧敏：《我国建构数据新型要素市场体系面临的挑战和对策》，载《电子政务》2020年第3期，第2-12页。

② 张顺、费威、佟烁：《数字经济平台的有效治理机制：以跨境电商平台监管为例》，载《商业研究》2020年第4期，第49-55页。

③ 唐要家：《数字经济监管体制创新的导向与路径》，载《长白学刊》2021年第1期，第106-113页。

和数字平台垄断问题的复杂性,对于如何监管远未达成共识。① 李三希、张明圣、陈煜提出,我国平台经济反垄断实践存在的问题包括,平台经济反垄断分析框架尚未完全反映出多边市场特征、平台经济反垄断分析过程仍然大量依赖静态分析指标、平台经济反垄断执法存在短视倾向、对平台经济反垄断执法的后续影响缺乏妥善处置。② 王晓晔提出,鉴于我国平台经济在 GDP 中占比高、头部企业在平台经济领域形成巨大进入壁垒和"赢者通吃"现象、平台经济反垄断成为国际趋势等原因,我国数字经济领域的反垄断有必要从过去的"审慎包容"改为与其他经济领域企业一视同仁、平等对待。③ 蒋慧提出,我国平台治理面临的困境表现在平台私人空间和公共空间治理内容偏颇、平台主体治理角色与权利义务模糊不清以及平台信息行为治理监管乏力,并且平台的超级权力已经有突破私权范围向公权扩张的倾向,传统监管体制具有规制手段的局限性,平台自我治理需要恰当的外部公权力介入治理以缓解"自利"与"公益"的冲突。④

　　第五,数字经济公共方面的问题。于志刚提出,刑法的数据保护体系主要包括了针对计算机信息系统数据实施的犯罪行为、针对属于商业秘密的网络数据实施的犯罪行为、针对公民个人信息数据实施的犯罪行为三个层面,大数据时代呼唤着第四个层面"数据的财产化保护",这将体现对社会新兴财富的刑法关怀;⑤并且,刑法中"数

---

① 孙晋:《数字平台的反垄断监管》,载《中国社会科学》2021 年第 5 期,第 101 – 127 页＋第 206 – 207 页。

② 李三希、张明圣、陈煜:《中国平台经济反垄断:进展与展望》,载《改革》2022 年第 6 期,第 62 – 75 页。

③ 王晓晔:《〈反垄断法(修正草案)〉的评析》,载《当代法学》2022 年第 3 期,第 36 – 51 页。

④ 蒋慧:《数字经济时代平台治理的困境及其法治化出路》,载《法商研究》2022 年第 6 期,第 31 – 44 页。

⑤ 于志刚:《"大数据"时代计算机数据的财产化与刑法保护》,载《青海社会科学》2013 年第 3 期,第 7 – 16 页。

据"外延狭窄、内涵滞后,司法案件将面对各种定性方面的困扰,有必要建立严格严密的制裁数据犯罪的罪名体系。① 高德步提出,数字经济带来了数字成瘾在内的一系列深刻社会问题,例如短视频因其"超强黏性、成瘾性大、受众广、不易察觉"而造成了算法俘获、危害精神健康、助长商业惰性、被技术成果奴役等社会危害。② 陈文、张磊、杨涛提出,现有移动支付工作存在的主要问题是数据过度采集、侵犯用户隐私、未经授权而将数据滥用于营销信贷等领域、"数据孤岛"导致社会福利减损等,此外以比特币和以太币为代表的私人加密货币、以 Libra 为代表的超主权货币均对各国现有货币制度体系带来了挑战。③ 杨学敏、刘特、郑跃平提出,在新技术逐步被应用并融入公共治理过程中时,政府面临软硬件设施不足和人力资源缺乏等方面的挑战,而在政府与互联网技术企业的合作过程中,数字治理领域公私合作发展在组织目标、管理运行、机构文化、法律规范、共同愿景、相互信任、合作效率等多方面存在的问题,制约了数字经济领域公私合作价值的发挥。④ 江小涓提出,数字政府建设是具有复杂性、系统性、长期性的治理变革,目前的政府自身职责体系与数字治理的要求还不够匹配,主要表现为业务部门与数据管理部门的权责和协调关系不顺、线上与线下流程和业务的协同程度有待提高、线上服务全网通办诉求与条块管理体制不匹配。⑤ 徐康宁提出,一些数字企业和

---

① 于志刚、李源粒:《大数据时代数据犯罪的制裁思路》,载《中国社会科学》2014 年第 10 期,第 100 - 120 页＋第 207 页。
② 高德步:《数字瘾性经济的危害与治理》,载《人民论坛》2020 年第 1 期,第 95 - 97 页。
③ 陈文、张磊、杨涛:《数据治理视角下央行数字货币的发行设计创新》,载《改革》2020 年第 9 期,第 68 - 79 页。
④ 杨学敏、刘特、郑跃平:《数字治理领域公私合作研究述评:实践、议题和展望》,载《公共管理与政策评论》2020 年第 9 期,第 3 - 18 页。
⑤ 江小涓:《加强顶层设计 解决突出问题 协调推进数字政府建设与行政体制改革》,载《中国行政管理》2021 年第 12 期,第 9 - 11 页。

网站发布违法的数字信息或者违背社会道德标准的数字产品,对社会造成危害,例如某全球网络社交媒体公司因内部监管不严而发布大量不利于青少年健康成长的数字产品和信息,其负面影响是全球性的。[①] 王磊、杨宜勇提出,政府治理数字经济的科学性、系统性、协同性不强,对数字经济新业态、新模式发展总体上持包容审慎态度,在共享经济、互联网金融、长租公寓、在线教育、社区团购数字经济众多行业事实上处于监管滞后甚至监管空白的状态,在监管过程中还存在重复监管、过度监管、运动式监管、市场预期不稳等诸多问题并且对市场机制产生干扰、抑制数字经济发展活力。[②] 赵建华、杜传华提出,数字经济本身需要依托于规模经济和范围经济,但是数字经济在推动政府整体性变革的过程中会面临传统科层制信息控制和条块分割导致的数据信息碎片化问题,公共部门为了获得政治资源优势可能会激发地方本位主义并在一定程度上阻碍数据平台的建立及大计算技术的应用。[③] 李涛提出,我国政府数据的开放、共享、利用程度尚处于初级阶段,还存在公共数据开放法律定位不明确和缺乏系统性、开放平台的数据量少和公开时间短、基于不同算法的开放数据存在一定随意性和不统一性、对数据公开采取选择性策略等问题。[④] 李晓华提出,当人类把决策权交给算法、由算法进行判断时就形成了对道德伦理的挑战,算法的突飞猛进会产生新的伦理道德问题,例如现有的法律和社会伦理并没有对"电车难题"提出算法规制意见,智

---

① 徐康宁:《数字经济对世界经济的深刻影响及其全球治理》,载《华南师范大学学报(社会科学版)》2022 年第 1 期,第 83 - 92 页 + 第 206 页。

② 王磊、杨宜勇:《数字经济高质量发展的五大瓶颈及破解对策》,载《宏观经济研究》2022 年第 2 期,第 107 - 114 页。

③ 赵建华、杜传华:《数字经济推动政府治理变革的机制、困境与出路分析》,载《理论探索》2022 年第 2 期,第 154 - 158 页。

④ 李涛:《政府数据开放的理论内涵、开放程度及治理框架研究》,载《江淮论坛》2022 年第 3 期,第 131 - 136 页。

能化系统的程序决策在一些领域的应用可能造成巨大的风险。[①] 马长山提出，在数字治理模式的国内探索过程中出于功利主义、追求政绩等各种复杂因素的考虑而出现了"电子衙门""电子官僚主义"等现象，在全世界范围内还出现"公民被赋权和剥夺权利"两种动态趋势，即数字治理参与途径多但参与机会未必多、参与空间大但参与能力未必高、参与扁平化但很容易被边缘化。[②] 贾宇提出，数字经济时代的新型犯罪呈现出犯罪场域的泛在性、侵权主体的平台化、危害行为的复杂性、社会危害的难以估量性等特征，传统刑法因应数字经济犯罪治理需求表现出管控风险的强烈冲动，实质刑法观持"法益侵害即为罪"或者"先入罪后确定罪名"的思维，积极刑法观有复辟重刑思想之嫌，消极刑法观将刑法的保障性、谦抑性与出场次序混为一谈，皆无法妥当解释当下的刑法实践并为数字经济的刑事法治保障提供教义学指引。[③]

第六，数字权益责任方面的问题。贺栩栩提出，各国关于个人数据的保护方式存在较大差异，例如个人数据自决权在美国被视为"隐私权"这一集合概念的新分支且承担了类似于德国"一般人格权"的功能，在德国属于"一般人格权"下位概念且与"隐私权"一样是经由法院判例发展和承认的特别人格权，虽然两国的保护方式不同，但是都具有宪法上基本权利和侵权法民事权利的双重属性。[④] 李颖提出，在我国的相关司法实践中，存在对网络服务对象的正当程序权利极度忽视、救济途径设置不明确且未涵盖所有类型的网络侵权、缺少

---

① 李晓华：《数字时代的算法困境与治理路径》，载《人民论坛》2022 年第 Z1 期，第 64－67 页。
② 马长山：《数智治理的法治悖论》，载《东方法学》2022 年第 4 期，第 63－74 页。
③ 贾宇：《数字经济刑事法治保障研究》，载《中国刑事法杂志》2022 年第 5 期，第 3－19 页。
④ 贺栩栩：《比较法上的个人数据信息自决权》，载《比较法研究》2013 年第 2 期，第 61－76 页。

对披露程序和条件的具体规定、拒不披露和不当披露的救济制度缺失、司法裁判缺少价值平衡考量等现实问题。① 刘铁光、吴玉宝认为,数据是大数据的核心要素,其潜在价值是通过二次利用、整合利用以及充分利用扩展数据得以实现的,但是即便是匿名化处理的数据在二次利用时也可能侵犯他人的人格权等权利,因此应针对数据的二次利用侵权确立合适的保护或者法律救济规则。② 肖冬梅、文禹衡认为,大数据以及相关技术实践验证了信息透明化要求与搜集信息秘密、身份识别与威胁数据主体的个体身份、改造社会与牺牲个人权利代价三个悖论及其潜在威胁,因此需要通过构建数据权谱系维持新的社会秩序,例如数据权包括数据管理权、数据控制权等数据主权和数据人格权、数据财产权等数据权利两大框架。③ 鞠晔、凌学东提出,个人信息的法律属性有"所有权说""隐私权说""人格权说"等,我国个人信息保护尚缺乏刚性的法律框架,网络消费者个人信息侵权的行为包括第三方窃取、信息管理者非法收集、信息管理者泄露、非法交易、侵扰式利用、利用个人信息的衍生侵权等类型。④ 杨健提出,数字经济需要面对自然人的经营权、平台与经营者的税收义务、平台企业的垄断认定、跨境电商零售的合法性、数据跨境流动中的个人和信息控制者义务等一系列问题,数字经济的治理过程应当给予平台一定的责任,也要给予其一定的权力。⑤ 李梦琳提出,我国

① 李颖:《论网络服务商信息披露义务与个人数据信息保护的平衡与博弈》,载《法律适用》2013 年第 8 期,第 15 - 22 页。

② 刘铁光、吴玉宝:《大数据时代数据的保护及其二次利用侵权的规则选择:基于"卡梅框架"的分析》,载《湘潭大学学报》(哲学社会科学版)》2015 年第 6 期,第 76 - 79 页。

③ 肖冬梅、文禹衡:《数据权谱系论纲》,载《湘潭大学学报(哲学社会科学版)》2015 年第 6 期,第 69 - 75 页。

④ 鞠晔、凌学东:《大数据背景下网络消费者个人信息侵权问题及法律救济》,载《河北法学》2016 年第 11 期,第 52 - 60 页。

⑤ 杨健:《数字经济与数字治理》,载《科技中国》2017 年第 3 期,第 57 - 59 页。

网络直播平台监管所遵循的"政府监管平台,平台监管用户,政府一般不直接监管用户"模式并没有完全制止网络直播乱象,网络直播平台的权利(力)与职责不明以及获取流量的商业需求造成了监管机制的缺陷,网络直播平台应当通过发挥合同性、技术性、合作性看门人的作用并结合算法规制、人群治理、声誉机制来架构网络直播监管机制。① 张守文提出,在数字经济和信息社会的背景下,侵害消费者信息权的问题屡见不鲜,但目前对消费者信息权的研究,尤其对如何界定消费者的信息权、传统的消费者信息权是否需要拓展、如何理解消费者信息权与个人信息保护的关联、如何实现对消费者信息权多维度的综合保护等问题尚缺少较为系统的探讨。② 唐要家、唐春晖提出,人工智能系统风险包括技术具有不可解释性,结果具有不可解释性,运行具有不确定性,使用者决策封锁导致的模糊性,系统开发存在算法结构和技术代码、社会规则和伦理规范缺陷,数据存在不完整、不及时、不相关、选择性偏差、数据量不够等质量缺陷,系统运行存在任务配置偏差、训练和验证偏差、设计安全漏洞等问题,不正确解读算法等产出的运行风险,通过偏差性的用户评价、个性化定价等方式扭曲消费者决策和操纵消费者选择,通过价格合谋、封锁商家等方式扭曲市场竞争,通过占领劳动岗位、增加资本收益等方式恶化就业与收入公平,通过人脸识别、语音识别、足迹跟踪等方式侵犯个人隐私,通过视频游戏、过度诱导式监督考核、不成熟的技术应用等方式损害儿童、老人、普通劳动者和驾驶人员的生命健康,通过运用信用评分、教育录取、岗位绩效、司法裁决等信息导致人格尊严受损、社

---

① 李梦琳:《论网络直播平台的监管机制:以看门人理论的新发展为视角》,载《行政法学研究》2019年第4期,第123-132页。

② 张守文:《消费者信息权的法律拓展与综合保护》,载《法学》2021年第12期,第149-161页。

会性歧视并造成特定人群的弱势化、边缘化。① 王世强提出,平台化衍生出市场参与者间新商业关联模式,进而利用行业数据信息对平台经济的供需方的权益造成不利影响,例如处于供给端的外卖配送员被算法配置工作时效,网约车主和外卖店主被抽成过多,处于需求端的消费者被非中立"竞价排名"推动非匹配商品、隐私信息被泄露,而平台的"议价权"则不断升级、攫取行业剩余并加剧利润分配不均。② 薛晓源、刘兴华提出,移动设备、手机 App、监控设备和人脸识别技术等使人们的信息和数据被多种主体收集和利用,人们并不了解这些数据由谁掌握、如何使用和用到何处,数字技术和应用让人们无法进行是否披露信息的选择,大数据被运用于不可信赖、非价值中立活动的可能性不断增加,传统社会中个人信息保护的权利边界发生了变化。③ 关乐宁提出,现实世界中的人、物、场经过数字化的映射与表达后可能越过传统法律框架的合法边界,元宇宙世界中虚拟数字人的法律主体资格以及 AI 创作和数字主播的行为效力、数字产品的确权保护和侵权等一系列构建虚实融合世界规则体系问题是未来规则制定的难点和重点。④ 丁晓东提出,在数据利用方面,欧盟试图赋予用户以数据访问和利用权,美国注重个人信息数据的市场交易,我国强调对企业数据进行确权,在不同经济体或者国家中同一个数据利用行为可能依据各自的不同规范而分别被判定为合法或者

---

① 唐要家、唐春晖:《基于风险的人工智能监管治理》,载《社会科学辑刊》2022 年第 1 期,第 114－124 页＋第 209 页。

② 王世强:《平台化、平台反垄断与我国数字经济》,载《经济学家》2022 年第 3 期,第 88－98 页。

③ 薛晓源、刘兴华:《数字全球化、数字风险与全球数字治理》,载《东北亚论坛》2022 年第 3 期,第 3－18 页＋第 127 页。

④ 关乐宁:《元宇宙新型消费的价值意蕴、创新路径与治理框架》,载《电子政务》2022 年第 7 期,第 30－41 页。

非法。①

第七,全球数字鸿沟问题。陶文昭提出,美国商务部在 1995 年、1998 年、1999 年关于数字网络的三组报告中证明是否拥有网络等信息工具造成其国内不同群体之间的数字鸿沟,而在全球范围内的数字鸿沟使国家之间的竞争力失衡,催生了数字霸权和数字荒漠,危害了全球的健康发展。② 袁勤俭提出,数字鸿沟将进一步加剧贫富分化,要通过加快发展中国家和农村的通信基础设施建设、优先考虑缩小数字鸿沟的技术、普及信息技术教育等方式解决这一全球性问题。③ 陈健提出,"一带一路"沿线数字经济共同体构建面临与产业标准缺失、技术人才缺失、联合攻关机制缺失、基础设施政策缺失、维护网络主权协同机制缺失、资金支持缺乏等相关的政策支持难题,同时还存在有的"一带一路"共建国家处于极端贫困状态、尚未实现网络互联互通、数字科技发展落后、网络恐怖主义和网络犯罪猖獗、缺少数字空间治理机构等现实问题,这些都阻碍了"一带一路"高质量发展和数字鸿沟破解。④ 王璐瑶、万淑贞、葛顺奇提出,全球数字经济治理呈现分化趋势,其中美国以跨境信息和数字自由化为目标,推行数字产品零关税、电子验证和电子签章、非歧视性待遇、线上消费者和个人资料保护、无纸化贸易、禁止本地化等政策规则;欧盟以数字融合和监管保护为目标,推行电子验证和电子签章、线上消费者保护、中间服务提供商责任、试听例外等政策规则;中国以数字竞争力

---

① 丁晓东:《数据公平利用的法理反思与制度重构》,载《法学研究》2023 年第 2 期,第 21 - 36 页。

② 陶文昭:《全球数字鸿沟及其治理》,载《中共福建省委党校学报》2006 年第 5 期,第 18 - 22 页。

③ 袁勤俭:《数字鸿沟的危害性及其跨越策略》,载《中国图书馆学报》2007 年第 4 期,第 27 - 31 页。

④ 陈健:《"一带一路"沿线数字经济共同体建构研究》,载《宁夏社会科学》2020 年第 3 期,第 121 - 129 页。

和电商规范为目标,推行电子交易免征关税、电子认证和数字证书、网络消费者保护、在线数据保护、无纸化贸易等政策规则。[①] 刘昱洋、任晓莉、陈萍等提出,数字经济时代对劳动者的数字素养提出了很高的要求,培养具备数字素养的高端新型人才将成为支撑数字经济发展的持续动力,但是全球和全国范围内均存在缺乏具有针对性的数字经济领域的专业人才特别是高端数字人才的问题。[②] 袁达松提出,目前世界范围内对数字经济影响最大的数据治理规则之间存在较大的差异,其影响力和影响对象不同,国际和区域协定之间的数字治理规则较为零散且相对孤立,规则和治理模式背后反映了不同的政治、经济、社会、文化情况并难以统一,这也将导致数字经济出现碎片化、割裂化的风险。[③] 马飒、黄建锋提出,现有多边经济治理机制改革滞后于数字经济发展,主要表现为 WTO、IMF、G20 等国际组织在应对数字技术带来的治理挑战时举步维艰,争端解决机制运行不畅,决策机制难以反映全球经济实力格局变化,很多谈判所达成的倡议和行动计划的约束力不强并导致落实困难。[④] 陈伟光、裴丹、钟列炀提出,数字经济发展不均衡以及数字鸿沟问题使"数字中国"建设陷入瓶颈,例如区域数字鸿沟会造成区域发展不均衡,企业数字鸿沟会使数字资源过于集中在少数行业以及头部企业并形成垄断市场势力,人口数字鸿沟会把部分人口排除在数字世界之外并使这些人

---

① 王璐瑶、万淑贞、葛顺奇:《全球数字经济治理挑战及中国的参与路径》,载《国际贸易》2020 年第 5 期,第 21 - 27 页。

② 刘昱洋、任晓莉、陈萍等:《我国数字经济发展中的问题探讨及对策研究》,载《区域经济评论》2022 年第 1 期,第 99 - 106 页。

③ 袁达松:《数字经济规则和治理体系的包容性构建》,载《人民论坛》2022 年第 4 期,第 28 - 32 页。

④ 马飒、黄建锋:《数字技术冲击下的全球经济治理与中国的战略选择》,载《经济学家》2022 年第 5 期,第 48 - 57 页。

无法参与和享受统一大市场的成果。[①] 邱泽奇提出，数字化发展正从曾经的自然成长甚至野蛮生长迈向有规则和有治理的阶段，数字经济以及相关领域的治理正受到世界主要国家和经济体的关注并一跃成为最核心的国际议题之一，未来和现实的国际合作、竞争甚至冲突是治理面临的最大难题，不同国家和地区的政治制度、市场环境、技术环境、社会文化等深刻影响着数字经济发展，数字经济发展也将可能重构人类政治经济版图，塑造推动人类福祉最大化的新框架。[②]

2.1.2　数字经济的治理实践与理论

为了应对数字经济发展过程中产生的一系列问题，世界主要国家和地区都采取了相应的治理措施。例如，美国出台了《消费者隐私权利法案》《电子通信隐私法》《网络安全法》《国际安全港隐私保护原则》《开放数据行动计划》等法律文件，特别是在被称为大数据元年的2013 年发布了《大数据研究和发展计划》、成立了"大数据高级指导小组"并于次年发布全球大数据白皮书《大数据：抓住机遇，保存价值》。欧盟出台了《欧洲联盟数据保护章程》《个人数据保护指令》《一般数据保护条例》《通用数据保护条例》《数字治理法》《数字服务法》《数字市场法》等法律文件，尤其是在 2014 年后陆续提出数据价值链战略计划、欧洲工业数字化战略、欧盟人工智能战略等规划。俄罗斯出台了《个人数据情报法》《信息和通信技术的新战略》《促进电子政务的基本行动计划》《电子政务开放数据战略》等法律文件，并将数字经济列入《俄联邦 2018—2025 年主要战略发展方向目录》。日本从"智能化、系统化、全球化"视角推动科技创新，自 2013 年开始每年出

---

① 陈伟光、裴丹、钟列炀：《数字经济助推全国统一大市场建设的理论逻辑、治理难题与应对策略》，载《改革》2022 年 12 期，第 44－56 页。
② 邱泽奇：《数字生态与数字治理》，载《电子政务》2022 年第 3 期，第 2－3 页。

台科学技术创新综合战略的法律文件。

自 1994 年正式接入国际互联网以来,我国的网络治理逐渐由传统统一管控向现代网络法治转型。2022 年 12 月 2 日,中共中央、国务院下发《关于构建数据基础制度更好发挥数据要素作用的意见》,要求"以维护国家数据安全、保护个人信息和商业秘密为前提,以促进数据合规高效流通使用、赋能实体经济为主线,以数据产权、流通交易、收益分配、安全治理为重点,深入参与国际高标准数字规则制定,构建适应数据特征、符合数字经济发展规律、保障国家数据安全、彰显创新引领的数据基础制度,充分实现数据要素价值,促进全体人民共享数字经济发展红利,为深化创新驱动、推动高质量发展、推进国家治理体系和治理能力现代化提供有力支撑",并规定了要"建立保障权益、合规使用的数据产权制度""建立合规高效、场内外结合的数据要素流通和交易制度""建立体现效率、促进公平的数据要素收益分配制度""建立安全可控、弹性包容的数据要素治理制度"。

目前,我国网络治理法律制度体系框架结构主要包括三个层面①:第一层面是法律,包括《中华人民共和国数据安全法》《中华人民共和国网络安全法》《中华人民共和国反间谍法》《中华人民共和国国家安全法》《中华人民共和国民法典》《中华人民共和国个人信息保护法》《中华人民共和国消费者权益保护法》《全国人民代表大会常务委员会关于加强网络信息保护的决定》等。第二层面是法规、条例以及规章,例如《"十四五"数字经济发展规划》《关于运用大数据加强对市场主体服务和监管的若干意见》《电信和互联网用户个人信息保护规定》《互联网用户账号名称管理规定》《网络出版服务管理规定》《网络交易管理办法》《关于促进互联网金融健康发展的指导意见》《非银行支付机构网络支付业务管理办法》《关于促进和规范医疗大数据应

---

① 徐汉明:《我国网络法治的经验与启示》,载《中国法学》2018 年第 3 期,第 51 - 70 页。

用发展的指导意见》《汽车数据安全管理若干规定(试行)》以及《北京市数字经济促进条例》《上海市数据条例》《深圳经济特区人工智能产业促进条例》等。第三个层面是司法机关单独或者联合作出的司法解释,包括《关于审理侵害信息网络传播权民事纠纷案件适用法律若干问题的规定》《关于审理利用信息网络侵害人身权益民事纠纷案件适用法律若干问题的规定》《关于办理刑事案件收集提取和审查判断电子数据若干问题的规定》《关于推进司法数据中台和智慧法院大脑建设的通知》等。此外,自 2015 年实施"国家大数据战略"以来,我国推进数字经济发展和数字化转型的政策不断深化和落地,积极参与区域贸易协定,2020 年 11 月 15 日我国正式签署首个超大区域贸易协定《区域全面经济伙伴关系协定》(RCEP),2021 年分别申请加入《全面与进步跨太平洋伙伴关系协定》(CPTPP)和《数字经济伙伴关系协定》(DEPA),致力于加强全球数字经济领域合作;为推进数据的开放、共享与治理,我国相继成立了专门的机构或部门对数据资源进行管理并开展数字政务平台建设、数据交易所(交易中心)建设、企业数据合规建设,例如组建国家数据局,成立浙江省大数据发展管理局,成立北京市大数据中心和上海市大数据中心等。

在理论研究方面,数字经济治理作为治理理论的一个重要分支产生于 20 世纪 90 年代末。自 20 世纪末开始,我国学者即开展与数据相关问题的研究。

关于数字治理问题的研究,初期主要集中于管理学(情报学)领域。杨宏玲、黄瑞华提出,个人数据并不是财产,而是作为保护人身权的媒介,个人对数据支配性权利被包含在隐私权、人格权中并区别于财产权保护方法,既保障个人人格尊严又不阻碍网络和经济发展。[1] 卢小宾、袁文秀提出,侵犯网络个人数据隐私权的形式包括对个人数据的过度收集、对个人数据的非法二次开发、对个人数据的非法交易等,对网络个人数据隐私权的保护状态可以以网络道德、法律保护、行业自律、技术保护为框架进行综合分析。[2] 相丽玲、曹平、武晓霞提出,个人数据是一种具有潜在价值的信息、具有鲜明的法律属性,个人数据所有者享有对个人数据的所有权,具体包括控制权、收益权、知情权、修改权、完整权、请求司法救济权等。[3] 刘润达、孙九林、廖顺宝提出,科学数据是一种重要的战略资源,科学数据共享性与知识产权专有性之间属于非完全对抗性冲突,因此需要建立科学数据的授权制度,实现科学数据的知识产权保护和共享效果并重。[4] 张晓娟、王文强、唐长乐提出,政府数据开放和个人隐私保护的平衡是政府数据开放顺利进行的保障,例如美国采取大数据背景下政府原始数据的开放与个人隐私的专门领域保护相结合的方式,我国政府数据开放应当遵循公共利益数据优先开放、基于商业利益的个人数据限制开放、基于个人利益的个人数据以保护为主的原则。[5] 王玉林、高富平提出,大数据控制人享有的"所有权"是不完整的、建立在权利人对数据的实际掌控基础上,数据控制人对数据中包含信息的使用和处分权能的行使要受到一定限制,不得损害原信息权利主体的合法权益和国家与其他组织的利益,大数据实质上是信息财产

[1]　杨宏玲、黄瑞华:《个人数据财产权保护探讨》,载《软科学》2004 年第 5 期,第 14 - 17 页。

[2]　卢小宾、袁文秀:《网络个人数据隐私权保护体系的三维透视》,载《情报资料工作》2005 年第 3 期,第 34 - 36 页＋第 45 页。

[3]　相丽玲、曹平、武晓霞:《试析我国个人数据法律保护的趋势》,载《情报理论与实践》2006 年第 2 期,第 182 - 184 页。

[4]　刘润达、孙九林、廖顺宝:《科学数据共享中数据授权问题初探》,载《情报杂志》2010 年第 12 期,第 15 - 18 页。

[5]　张晓娟、王文强、唐长乐:《中美政府数据开放和个人隐私保护的政策法规研究》,载《情报理论与实践》2016 年第 1 期,第 38 - 43 页。

权的课题，是数据控制人的数据资产。① 陈端提出，我国的数字治理还处在起步阶段，除了数字经济治理，还包括数字国家治理、数字社会治理、数字城市治理、数字文化与舆情治理四个关键领域，并且应当建构以国家治理为核心，行业自律、平台治理和社会监管参与的治理体系。② 江小涓提出，"十四五"时期，数字经济将成为国民经济存量的半壁江山和增量的主要贡献来源，我国拥有全球最大的产业技术体系、制造业体系和生产者服务体系，在创新、制造、服务、头部企业等方面都已经形成一定的优势，需要积极参与全球数字技术和产业开放体系，汇聚全球智力资源与产业资源，连接全球用户和市场，加速构建我国在数字时代的经济增长新优势、技术体系新优势、产业发展新优势和全球竞争力新优势。③

晚近我国出现的"数字法学""未来法治""计算法学""人工智能法学""大数据法学""元宇宙法学"等新兴前沿交叉法学均密切关注数字经济治理问题，出现了数字法学日渐繁荣的景象。王利明提出，个人信息的欧洲法模式和美国法模式各有其利弊，虽然随着网络技术和高科技的进一步发展，个人信息与隐私之间的关联性进一步加深，但是个人信息权与隐私权在权利属性、权利客体、权利内容、保护方式等方面均存在差异，因此我国应当以私权保护为中心，将个人信息权作为一种具体人格权加以保护。④ 左卫民提出，随着数据源以惊人的速度扩展，一方面大数据的分析手段如人工智能的算法本身就面临诸多"技术陷阱"，甚至被一些研究者认为是在黑箱中运作，另

① 王玉林、高富平：《大数据的财产属性研究》，载《图书与情报》2016 年第 1 期，第 29 - 35 页＋第 43 页。
② 陈端：《数字治理推进国家治理现代化》，载《前线》2019 年第 9 期，第 76 - 79 页。
③ 江小涓：《中国数字经济发展的回顾与展望》，载《中共中央党校（国家行政学院）学报》2022 年第 1 期，第 69 - 77 页。
④ 王利明：《论个人信息权的法律保护：以个人信息权与隐私权的分界为中心》，载《现代法学》2013 年第 4 期，第 62 - 72 页。

一方面特别"要防止为技术所裹挟,避免成为简单的技术主义者",因此需要保持对大数据及其相关技术的超脱,保持"人文社会科学工作者的思想高度、理论品格和价值定位"。① 龙卫球提出,企业数据保护走向财产权化新机制已经成为一种越来越清晰的趋势,但数据财产权化设计与民法上典型的财产权不同,应该建立一种具有极强协同性的结构系统,功能上既要有利于充分刺激数据制作者的积极性,又要维护数据相关的各种功能和利益关系,构造上在赋予权利人必要私益基础上设定诸多条件和活动限制,从而达成数据关联利益的平衡。② 季卫东提出,当人工智能因深度学习而从他律系统转化为自律系统,特别在人工智能网络之间的相互作用及其连锁反应不断进行的情况下,黑箱化和失控的风险会不断增大,因此需要对人工智能进行适当、合理、允分的规制,确立人工智能开发的规则、伦理以及政策,其中人工智能生成物的归属、人工智能生成物的行为责任、提供给人工智能进行学习的数据所伴随的权利、人工智能与行业法规之间关系等问题就是研究的重点。③ 申卫星、刘云(2020)提出,在信息技术相关的各类法律问题研究大繁荣之际,传统的民法、行政法、刑法等部门法都在积极回应信息技术的发展带来的机遇与挑战,法学的"计算范式"转变有利于去除"法律+信息技术"的碎片化问题,同时促进计算空间的治理结构从过去的权威法治规范向多元治理转变,促进法学研究方法从规范分析向数据分析拓展,推动形成计算化社会所需要的法律与技术融合治理模式。④ 马长山提出,当今信息

---

① 左卫民:《迈向大数据法律研究》,载《法学研究》2018 年第 4 期,第 139 - 150 页。

② 龙卫球:《再论企业数据保护的财产权化路径》,载《东方法学》2018 年第 3 期,第 50 - 63 页。

③ 季卫东:《人工智能开发的理念、法律以及政策》,载《东方法学》2019 年第 5 期,第 4 - 13 页。

④ 申卫星、刘云:《法学研究新范式:计算法学的内涵、范畴与方法》,载《法学研究》2020 年第 5 期,第 3 - 23 页。

革命和数字社会的加速发展使得国家治理体系和治理能力现代化进程赋予了现代性与"超现代性"的双重面向,形成了技术赋权与权利义务平衡的价值理念、去中心化与再中心化的体系性构架、平台引领与"软硬协同"的治理模式、算法决策与代码规制的秩序形态、纠纷解决机制的可视化趋向等数字社会治理逻辑,同时这一治理逻辑的法治化展开推动了数字时代的法治范式转型。[①] 刘宪权、石雄提出,以人和物为中心的社会变成了以信息与数据为中心的社会,产生了除传统计算机信息系统安全和信息安全以外与数据的保密性、完整性和可用性相关的新价值形式,以网络数据作为犯罪对象进行的犯罪应运而生,直接给新兴的数据安全法益带来几何式上升的风险,由此催生出针对数据安全进行独立刑法保护的现实需求。[②] 王晓晔提出,2021 年是我国数字经济领域反垄断元年,这一年不仅国家制定了多个对反垄断执法和企业反垄断合规具有重要意义的法律文件,社会上还出现了很多反垄断大案和要案;同时,实践中出现了互联网平台的互联互通和数据互操作如何才能不影响数据安全和个人信息保护、遏制互联网生态的扩张如何才能不影响经济效益、企业并购的实质性审查是否还需要考虑相关的经济学理论等问题,我国在这一领域的反垄断立法和执法活动有必要借鉴其他国家的经验并进行国际合作。[③] 张吉豫提出,数字治理是当代中国国家治理领域的主场域、是国家治理的一场深刻革命,我国可继续从建构分级分类治理、完善治理的监管体系、健全算法领域的社会监督组织、发展公民数字

[①] 　马长山:《数字社会的治理逻辑及其法治化展开》,载《法律科学(西北政法大学学报)》2020 年第 5 期,第 3 - 16 页。

[②] 　刘宪权、石雄:《网络数据犯罪刑法规制体系的构建》,载《法治研究》2021 年第 6 期,第 44 - 55 页。

[③] 　王晓晔:《中国数字经济领域反垄断监管的理论与实践》,载《中国社会科学院大学学报》2022 年第 5 期,第 31 - 48 页＋第 134 页＋第 137 页。

权利体系、健全算法服务提供者的责任体系、建立有效的维权机制、推进企业合规的创新措施、鼓励技术创新发展等方面发力,形成算法治理的中国方案。①

2.2　法院与数字经济治理

2.2.1　法院与数字经济治理的理论

在理论研究上,近年来数据经济的司法治理问题成为学术热点。

在基础理论和司法制度方面,景汉朝提出,互联网法院是我国原创性概念,是世界司法史上信息化背景下具有划时代意义的创举,在司法制度、司法原则、诉讼程序、法庭形态、审理模式、裁判规则等方面有一系列适应互联网时代特点的重大创新,为世界贡献了未来司法模式的中国智慧、中国方案。② 洪学军提出,数字技术、数字经济、数字规则日益成为当前国际竞争的重点领域,数字治理规则的制定和输出是由数字大国迈向数字强国的重要举措,我国互联网司法应当坚持制度创新与技术创新双轮驱动,围绕"算法、数据、平台"的一体化治理,明确数字正义供给重点、强化互联网司法功能、构建专业化管辖体系、打造协同共治机制,进一步增强对数字文明的法治供给,不断形成和输出数据跨境流动、算法治理等数字社会司法治理规则,以数字正义推动实现更高水平的公平正义,努力成为全球数字法治的重要建设者和示范引领者。③ 孙跃提出,司法治理是数字经济

① 张吉豫:《数字法理的基础概念与命题》,载《法制与社会发展》2022 年第 5 期,第 47 - 72 页。

② 景汉朝:《互联网法院的时代创新与中国贡献》,载《中国法学》2022 年第 4 期,第 49 - 73 页。

③ 洪学军:《关于加强数字法治建设的若干思考——以算法、数据、平台治理法治化为视角》,载《法律适用》2022 年第 5 期,第 140 - 148 页。

治理体系不可或缺的重要组成部分之一,数字经济司法治理分别以维护数字经济市场秩序、完善数字经济治理规则、激励数字经济持续发展作为其近期、中期以及远期目标,为此需要树立并贯彻基于数字正义的司法观念,健全司法机关与行政监管及平台企业自治的联动协作机制,通过个案裁判与司法制度的双重进路加强数字经济治理规则供给,通过数字科技赋能司法提升数字经济治理的效率与精度。① 顾全提出,司法实践中通常用"互联网案件"来泛指与数字经济有关的案件,数字经济案件分类体系可以涵盖四个方面,即涉及个人信息保护及利用网络侵害人身权益的民事案件、涉及数据财产性权益及市场竞争秩序保护的民事案件、涉及平台内相关主体权益保护的民事案件、以信息数据(技术)为对象或手段实施犯罪的刑事案件,②同时需要围绕"数据信息"的客体属性及其处理所发生的各种法律关系,妥善处理好数据流通利用与个人信息、知识产权、数据产权、消费者权益、数据安全、公共利益、市场竞争秩序等多种法益保护之间的冲突。③ 张文魁提出,在数字经济迅猛发展的过程中,应该有意识地推动一个基于场景、嵌入未来的数权体系以及相应的算责制度的建立,其意义不亚于工业革命时代产权体系的建立,因此设立专门的数据法院有助于这一进程的提速。④ 江小涓提出,法国出台相关法律禁止多种"技术赋能"行为在司法领域的应用,例如不得将特定法官办案数据进行大数据对比,进而分析特定法官特定案件与整

---

① 孙跃:《数字经济司法治理的目标及其实现路径》,载《学术探索》2022 年 9 月,第 105 - 111 页。

② 顾全:《数字经济案件分类体系及裁判规则研究》,载《中国应用法学》2022 年第 5 期,第 193 - 208 页。

③ 顾全:《数字化转型背景下对互联网案件审判理念的几点反思与建议》,载《法律适用》2022 年第 1 期,第 99 - 105 页。

④ 张文魁:《数字经济中的数权体系与数据法院》,载《清华管理评论》2022 年第 5 期,第 15 - 21 页。

个司法系统的一致性情况,因为这种一致性分析会使所有判决向平均结果靠拢并将多种倾向博弈产生的"平均数"固化为不可演进的绝对值。①

　　在数据产权和个人信息保护方面,郑文明提出,欧洲法院在"谷歌西班牙和谷歌公司诉西班牙数据保护局"相关案件中创造了"数字遗忘权"的司法先例,即数据主体有权要求互联网搜索引擎服务商将与其姓名链接的陈旧的、不完整、不恰当、不相关的信息从搜索结果中删除,这一判决一方面宣示了"欧洲个人信息保护的胜利",另一方面对表达自由、信息自由、公众知情权以及互联网科技公司的营运成本带来一定程度的负面影响。② 金励、周坤琳提出,在与数据共享相关的纠纷案件中,有的法院以反不正当竞争法原则条款审理数据共享权益纠纷、有的法院以个人信息保护具体条款审理数据共享权益纠纷、有的法院以著作权或者商业秘密具体条款审理数据二次处理权益纠纷,存在裁判规则不清的问题;新型数据纠纷审判工作是当下法院面临的新问题,法院的案件压力在一定程度上导致其未能很好地发挥出对数据共享规则的指引和潜在数据共享纠纷预判的功能。③ 杨琴提出,自数据经济成为经济增长的新引擎以来,司法、立法实践以及现实数据要素市场发展的态势表明激励性数据权配置是数字经济发展的需要,国内有关数据权配置激励的讨论主要涵盖劳动成本激励论、知识产权保护激励理论、数据新型财产权理论,"政府数据权力＋企业数据权益＋个人数据权利"的"三维配置"结构模式

---

① 江小涓:《为"数据之治"贡献中国学术智慧》,载《光明日报》2023 年 5 月 4 日第 8 版。

② 郑文明:《新媒体时代个人信息保护的里程碑:"谷歌诉西班牙数据保护局"案》,载《新闻界》2014 年第 23 期,第 76-80 页。

③ 金励、周坤琳:《数据共享的制度去障与司法应对研究》,载《西南金融》2020 年第 3 期,第 88-96 页。

具有较好的制度引导作用。① 申卫星提出，当下在制度规范、司法裁判和理论研究方面均存在隐私、信息和数据三者混用的乱序，其原因一方面在于信息技术的迭代发展打破了以往只存在隐私及其权利保护的单一化秩序，另一方面在于数据的经济价值陡然增长，这一背景下数据与信息及相关权利的区别却尚未被充分揭示，并由此引发了相关法律规制难题。② 张荣刚、尉钏提出，数字技术助力私权利崛起，特别是互联网平台等全新商业组织掌握着大量数据，基于收集、处理、使用信息数据的能力拥有了数字经济下的新型权利，实现了对大量法律空白或规则灰色地带的"技术赋权"，塑造了全新的经济业态、商业模式与交易规则，例如淘宝、京东等大型网络销售平台每年自身处理大量的纠纷事件，这些平台具有数字时代下独特的"准立法权""准行政权"和"准司法权"。③ 付新华提出，数字经济的发展并非一定要将数据完全归属于谁，重要的是定义企业之间的数据使用权，企业数据财产权与数字经济运行的逻辑特征相悖可能带来权利分配难题、威胁个人隐私、数据垄断等诸多困境，企业数据使用规则的构建应当转变自上而下的规则创制思路，由具有利益关系的公司通过合同和技术措施分配实现企业的数据使用权。④

在知识产权和竞争保护方面，袁晓东、李晓桃提出，在我国首例数据信息不正当商业竞争案件中，原告以被告侵犯著作权、专有技术成果、商业秘密以及劳动收益为由提出诉讼请求，而二审法院以不正

---

① 杨琴：《数字经济时代数据流通利用的数权激励》，载《政治与法律》2021年第12期，第12-25页。

② 申卫星：《数字权利体系再造：迈向隐私、信息与数据的差序格局》，载《政法论坛》2022年第3期，第89-102页。

③ 张荣刚、尉钏：《〈民法典〉之数字经济治理效能论析》，载《北京理工大学学报（社会科学版）》2022年第2期，第95-104页。

④ 付新华：《企业数据财产权保护论批判：从数据财产权到数据使用权》，载《东方法学》2022年第2期，第132-143页。

当竞争相关法律为依据作出最终判决,开创了以反不正当竞争法保护不具有独创性的电子数据库的先河。[1] 孙光宁提出,最高人民法院第 29 号指导性案例表明,通过擅自使用其他企业简称对搜索引擎用户造成误导,导致搜索数据流向不当正竞争者,歪曲利用互联网数据的行为将受到法律制裁。该案例中,法官审查了当事人的竞价排名情况、肯定了网络数据流向对案件性质的决定性作用,该案件对司法的量化分析方法和司法能动作用提出了越来越高的要求。[2] 熊鸿儒提出,司法实践倾向于将网络大数据产品作为竞争法意义上的财产权益,否定了适用知识产权法上的数据库或物权法上的财产所有权制度的可能性,其优势在于可以依据较为简单的带来营业收入且不违反法律法规之规定的标准即认定其为竞争法所要保护的合法权益,但也存在无限膨胀法定类型之外的不正当竞争行为之危险,因此既要尊重和兼顾反不正当竞争法关于不正当竞争行为的类型化规定,同时又要在必要的情况下适度且审慎地将在法定类型之外但应受反不正当竞争法规范救济的行为纳入其中。[3] 王月提出,数字经济下的商业模式具有虚拟性、开放性、双边市场特性,数字经济给传统竞争模式带来冲击与突破,司法裁判中试图对竞争关系作扩张解释以增加反不正当竞争法的规制范围,此时不能固守将“竞争关系”因素作为不正当竞争行为认定的前提条件,应正视“竞争关系”因素在其他经营者利益受损范围界定中的标尺作用,思考竞争关系对数字经济下竞争损害的范围和程度的影响,使“竞争关系”因素的价值

---

[1]　袁晓东、李晓桃:《电子数据库的法律保护:兼评我国首例数据信息不正当商业竞争案》,载《法学》2000 年第 5 期,第 56 - 58 页。

[2]　孙光宁:《大数据时代对司法审判的冲击及其应对:从指导性案例 29 号切入》,载《湖北社会科学》2016 年第 5 期,第 150 - 157 页。

[3]　熊鸿儒:《网络大数据产品的法律本质及其法律保护》,载《苏州大学学报(哲学社会科学版)》2020 年第 1 期,第 35 - 46 页＋第 191 页。

和功能得到有效发挥。① 黄勇提出,由于数字经济本身的复杂性,数字经市场领域的垄断行为违法性认定难度增大,无论是相关市场界定还是市场力量认定,与传统经济形态中反垄断分析具有很大不同,其结果增加了数字经济领域反垄断结果的不确定性,如何既支持我国数字经济产业的创新发展、增强其国际竞争力,又在个案审判中细化完善数字经济垄断行为的分析方法和判断标准,这对法院的审判理念、制度规则、专业分析、知识储备、队伍建设等方面提出了综合性的挑战。②

在刑事犯罪治理方面,梁坤提出,关于电子数据的刑事取证管辖形成了数据存储地模式和数据控制者模式两大方案,传统的数据存储地模式以国家疆域为基础,但适用困难、取证效率低下,数据控制者模式则依托跨境云服务提供者实现了对数据存储地模式的部分取代,从根本上讲刑事数据取证管辖模式的变革是各国立足于自身国家利益最大化而对数据资源实施掌控所致,我国应在数据主权国家战略的基础上探索刑事数据取证管辖模式的中国方案。③ 张启飞提出,数字货币由于"去中心化、可编程性、可追溯性"等特征而受到世界各国央行的高度关注,司法实践中对数字货币交易定性有不同观点,当前的私人数字货币面临盗窃、诈骗、敲诈勒索等侵害财产类犯罪,非法集资类犯罪和洗钱、恐怖融资类犯罪风险,法定数字货币面临侵害法定数字货币本身和假冒法定数字货币犯罪风险,刑法在介入数字货币犯罪领域时应避免过度犯罪化,扼杀金融科技创新,以保

---

① 王月:《数字经济下不正当竞争行为认定中竞争关系因素研究》,载《互联网天地》2022年第2期,第30-35页。

② 黄勇:《论我国反垄断司法实践的新挑战及其应对》,载《法律适用》2022年第9期,第21-28页。

③ 梁坤:《基于数据主权的国家刑事取证管辖模式》,载《法学研究》2019年第2期,第188-208页。

障数字经济的健康发展。① 石经海、苏桑妮提出，全国首例"爬虫"入刑案表现出司法实践过度规制爬取公开数据行为的现象，不应以数据的技术属性取代法律属性判断行为的法益侵害性，扩张适用非法获取计算机信息系统数据罪来规制爬取公开数据的行为，对于爬取刑法类型化保护之公开数据的行为应受刑法处罚的，适用侵犯著作权罪等相应罪名，当爬取公开数据的行为扰乱计算机信息系统且应受刑法处罚时适用破坏计算机信息系统罪。② 贾宇提出，数字经济刑事处罚早期化、扩张化的初衷在于防控数字经济所带来的巨大而难以估量的犯罪风险，然而一些新增罪名的司法适用效果未必理想，例如帮助信息网络犯罪活动罪容易被滥用为"口袋罪"，拒不履行信息网络安全管理义务罪适用率较低，这种立法模式是否能通过控制犯罪风险直接实现预防犯罪的初衷，还是仅仅能够达到预防人们心理恐慌的效果，抑或只是立法者象征性地表达一种对犯罪威胁的姿态与情绪，值得反思。③

　　在国际经济秩序维护方面，齐鹏提出，当前全球经济增长比任何时候都更加依赖跨境数据流动，与此同时，诸如数字经济发展与国家安全诉求冲突、他国长臂管辖与本国司法主权冲突等又对各国经济发展提出了新的挑战，"棱镜门"后欧美围绕数据安全、个人权益等问题在《隐私盾协议》执行、施雷姆斯二号案（Schrems Ⅱ）处理等方面进行了反复磋商和斗争。④ 余南平提出，数字反垄断本身已经不单

① 张启飞：《论数字货币犯罪的刑法规制》，载《法治研究》2021 年第 6 期，第 56 - 66 页。
② 石经海、苏桑妮：《爬取公开数据行为的刑法规制误区与匡正——从全国首例"爬虫"入刑案切入》，载《北京理工大学学报（社会科学版）》2021 年第 4 期，第 154 - 164 页＋第 172 页。
③ 贾宇：《数字经济刑事法治保障研究》，载《中国刑事法杂志》2022 年第 5 期，第 3 - 19 页。
④ 齐鹏：《"一带一路"数字经济数据跨境风险的系统性应对逻辑》，载《西安交通大学学报（社会科学版）》2021 年第 5 期，第 104 - 113 页。

是一个经济和司法问题，还蕴含着复杂的大国战略博弈问题，虽然美国司法界对于数字反垄断貌似已经有了新的认识和思路，但是在"维护数字巨头就是维护美国国家安全与科技创新的根基，强化数字竞争力和数字权力是美国大战略"的根本诉求下，美国的数字反垄断政策显然会服从更高战略目标的美国大战略需要，进行符合自身利益的选择性操作。① 张茉楠提出，近年来全球数字保护主义趋势更加明显，"数字主权"日渐成为国家核心利益的重要组成部分，各国围绕"数字主权"的利益诉求、立场分歧与博弈全面展开，美日欧等在实践中通过不断行使立法、执法和司法管辖权为数字空间"定规立制"，例如美国制定了关键数据本地化存储的要求并通过动用税收、金融、财政、司法等综合手段维护美国在尖端领域的全球优势。② 富新梅指出，美国的反垄断体制与我国以行政执法为主的体制不同，作为执法部门的司法部和联邦贸易委员会不能作出反垄断认定，该两部门在通过反垄断调查后需向法院提起诉讼，以司法为主导的美国数字反垄断形式体现了其法治模式以及框架，但是同时存在效率较低、耗时耗力、证明难度较大等特点，当前美国也在试图通过推动出台法案解决执法部门举证难的问题并提升反垄断司法效率。③

此外，与数字经济治理相关的法律问题研究已成为近年来国家社科基金申请和立项的热点，覆盖了国家安全、行政监管、反垄断、数字金融、数据财产、平台权力、个人隐私、劳动权利等诸多领域。其中，与司法治理相关的研究集中于反垄断行政执法与司法衔接、区块

---

① 余南平：《数字经济时代的新型国际竞争》，载《现代国际关系》2022年第1期，第35-43页＋第60页＋第62页。
② 张茉楠：《全球数字治理博弈与中国的应对》，载《当代世界》2022年第3期，第28-33页。
③ 富新梅：《美国数字经济领域反垄断的转向及其启示》，载《价格理论与实践》2022年第9期，第42-47页。

链争议解决机制、数字经济时代新型财产犯罪认定规则等项目。这些立项项目说明,司法与数字经济发展相关问题已经成为决策层的重点关注方向;从"司法与新时代高质量发展"入手研究"法院生成数字经济规则的政策功能"契合了推进国家治理体系和治理能力现代化的战略需要。

2.2.2　法院参与数字经济治理的实践

数据作为新型生产要素,是数字化、网络化、智能化的基础,已快速融入生产、分配、流通、消费和社会服务管理等各个环节,并且数据采集、数据标准、数据确权、数据定价、数据交易、数据流转中的相关权益保护纠纷已进入司法程序。在司法实践中,近年来我国法院审理了"房源数据"案、"汽车消费者投诉信息抓取"案、"抖音短视频抓取"案、"使用点评信息参与竞争"案、"禁止网络游戏账号转让"案、"'省钱招'流量截取"案、"侵犯数据商业秘密"案、"个人数据信息黑灰产业链"案等一系列数据经济案件,最高人民法院出台了《关于审理使用人脸识别技术处理个人信息相关民事案件适用法律若干问题的规定》等司法解释,浙江温州法院建立了数据资源专业审判机制,北京互联网法院审理案件所确立的系列数字经济规则引起瑞士等多个国家、非政府组织及相关专家学者的关注。我国法院在处理数字经济争议案件中的司法实践以及生成规则引起了全国乃至全球范围的关注。

笔者依托中国裁判文书网、中国司法大数据服务网、法信网以及大数据管理和服务平台,对 2018—2022 年我国法院审结的涉数据权益保护案件情况进行了分析。

第一,全国法院受理的涉数据权益案件数量在逐渐增加;在不同省市管辖案件数量方面,受理案件居多的是江苏、北京、浙江、广东、天津、上海,案件总量占比 50％以上。

第二,涉数据权益保护刑事案件主要涉及非法获取计算机信息系统数据罪,非法控制计算机信息系统罪,侵犯公民个人信息罪,破坏计算机信息系统罪,帮助信息网络犯罪活动罪,提供侵入、非法控制计算机信息系统程序、工具罪,非法利用信息网络罪,非法获取公民个人信息罪,非法侵入计算机信息系统罪等罪名。其中,前三种罪名的案件数量占比一半以上。在非法获取数据方式上,首先是涉恶意爬虫类案件数量,占比一半以上,其次为设置钓鱼链接或发送木马病毒方式;在非法利用数据方式上,首先是出售数据案件数量,占比一半以上,其次是修改或篡改数据。

第三,涉数据权益保护民事案件主要涉及微信、微博、抖音等通信或社交应用,网盘、云盘等云空间应用,游戏应用等媒介类型。其中,涉及用户信息、客户信息、商户信息、简历信息等自然人和企业基本信息的案件数量占比一半以上,涉及代码技术等技术信息的案件数量占比排第二位,少量案件涉及评论、定位等生活社交信息类型。在知识产权民事案件中,涉及的案由主要是不正当竞争纠纷,案件数量占比一半以上,此外还涉及侵害作品信息网络传播权纠纷、计算机软件开发合同纠纷、技术合同纠纷、侵害商业秘密纠纷等案由。

第四,涉数据权益保护行政案件数量较少,其原因主要是《网络安全法》《数据安全法》《个人信息保护法》等法律实施时间相对较短,诉源治理和多元化纠纷解决机制作用的发挥使相关行政纠纷未进入诉讼程序;涉及的行政主体主要是涉知识产权和市场监管的行政机构,行政机关败诉率较低、败诉原因主要是证据不足和适用法律法规错误。

第 3 章　数字经济产权确权规则的创新生成

在所有治理环节中,数据确权是最基础,也是最复杂、最重要的环节,更是司法参与数据治理的难点问题。《中华人民共和国数据安全法》第 3 条规定:"数据,是指任何以电子或者其他方式对信息的记录。数据处理,包括数据的收集、存储、使用、加工、传输、提供、公开等。"第 7 条规定:"国家保护个人、组织与数据有关的权益,鼓励数据依法合理有效利用,保障数据依法有序自由流动,促进以数据为关键要素的数字经济发展。"《中华人民共和国民法典》第 127 条规定:"法律对数据、网络虚拟财产的保护有规定的,依照其规定。"数据、网络虚拟财产被纳入民事权利范畴。王利明指出,我国民法典已经确认了数据的民事权益客体属性,但全国性立法层面并没有对数据确权作出回应,现有的法律制度例如反不正当竞争法、知识产权法、个人信息保护法等无法实现对数据的全面保护,数据立法要在区分数据来源者和数据处理者权利的基础上,构建数据确权的双重权益结构,尊重和保护数据来源者的在先权益,确认和保护数据处理者的财产权益,包括持有权、使用权、处置权以及数据财产权遭受侵害或者妨碍时的停止侵害、排除妨碍和消除危险请求权。[①] 在数字经济背景下,不同的数据组合、不同的数据运用场景会表现出不同的特征和价

---

① 　王利明:《数据何以确权》,载《法学研究》2023 年第 4 期,第 56 - 73 页。

值，立法上法定权利的缺位在客观上形成了数据利益保护的法律空白。

数据之所以难以被置入传统的生产要素和权利体系分析框架，主要原因在于：

第一，变化的经济属性。数据本身是一串符号、具备无形性特征，其价值体现在所携带的信息价值或者处理加工后的新价值；数据具有可被低成本复制的特点，被低成本无限复制的可能性导致数据的稀缺性极易发现变化；被复制后，数据所携带的信息以及其中蕴含的价值却不一定遭受减损，不易被原数据控制者拥有和控制。在一定时空内，数据的经济属性不容易稳定在一个相对固定的可控点、价值点、迭代点、折旧点、生命周期点。也就是说，"传统有形财产—具有稀缺性和可控性—享有利益和权利"的模式已经不适用于数字经济，"数据—稀缺—价值—权益""数据—稀缺—（暂）无价值—权益""数据—不稀缺—价值—权益""数据—不稀缺—（暂）无价值—权益"等均可在一定情形下成为数字经济的模式。

第二，多元的社会属性。数据的社会属性主要表现在其生产方式和生产关系上；囿于数据应用的客观现实需要，数据采集主体获取的数据往往涉及集合极大量不特定人员或者特定人员的海量数据，具备了公共性或公有性的属性；如果被采集的数据中包含了可被识别的个人信息数据，数据中的个人信息又具有了隐私保护的属性；在数据的全生命周期中不具有强烈的专属性和排他性，各环节的参与人都可以对其提升价值作出贡献，原始数据的获取、不同的数据加工方式、不同的数据产品和服务中凝结了不同主体的劳动贡献，数据具备了其他更加复杂的社会属性。鉴于此，传统"公领域""私领域"的分类更加模糊，数据的"隐私性""公共性""外部性"等属性状态和变化导致公权力主体调控、监管、干预的边界重新被界定。

第三,复杂的权利(力)属性。数据确权是一项系统性工程,在不同的应用场景下会延伸出不同的权利(力)需求,绝对化、固定化、公示化的权利(力)边界并不明显,数据权利(力)可以在具体背景场景、需求利益平衡中予以确定;数据确权需要明确不同主体拥有数据产权的边界,区分和界定个人、企业、国家等群体对数据的权益,明确谁享有数据上附着的利益及哪些利益;数据权益类型复杂,具体可以包括持有权、使用权、处置权、财产权、隐私权以及行政权、公众知情权和访问权等;在司法救济活动中,当个人、企业、国家等多方利益存在矛盾的情况下,如何在没有明确立法规定的情况下平衡各方主体利益并实现数据要素整体价值最大化,已经成为审理数据确权纠纷的难题。

3.1　个人数据权益的司法保护

当前,个人信息保护是实现个人数据权益的主要方式之一,具体实现方式是保护个人信息权益、规范个人信息处理活动、促进个人信息合理利用。2019 年,为落实《中华人民共和国网络安全法》等法律法规,国家互联网信息办公室、工业和信息化部、公安部、市场监管总局联合制定了《App 违法违规收集使用个人信息行为认定方法》并明确了"未公开收集使用规则""未明示收集使用个人信息的目的、方式和范围""未经用户同意收集使用个人信息""违反必要原则,收集与其提供的服务无关的个人信息""未经同意向他人提供个人信息""未按法律规定提供删除或更正个人信息功能""未公布投诉、举报方式等信息"的认定标准。这为个人数据权益的司法保护提供了重要参考方法。

3.1.1 特定个人信息关联组合可构成法律保护的对象

【诉讼争议】：A自然人诉B公司、C公司个人信息、隐私权保护纠纷。A诉称，其以自己名字为关键词在B运营的网站进行搜索，发现该网站非法收录并置顶了A在C运营的网站上传的个人证件照；鉴于此，B和C侵犯了其个人信息权益和隐私权。B辩称，其基于搜索功能实施了正常合法的抓取行为，提供了中立的搜索引擎服务，涉案照片被存储于可正常浏览的第三方网页，因此不构成侵权。C辩称，其与被诉网络侵权行为无关，没有授权任何人和机构使用其运营网站信息，因此不构成侵权。

规则解析：个人信息是指以电子或者其他方式记录的能够单独或者与其他信息结合识别自然人个人身份的各种信息。在诉讼争议中，自然人的姓名、照片以及关联信息不属于原告隐私，因为其自行将涉案照片上传于社交网站，主动向一定范围内的网络用户进行披露，在主观上没有将个人信息作为隐私进行隐匿的意愿，在客观上其个人信息未处于私密状态，该个人信息存在被非法滥用的风险。但是，搜索引擎通过"关键词搜索＋结果展示"的模式，将自然人名字和带有其面目特征信息的头像照片进行关联，构成了识别特定自然人的信息组合。该信息的链接组合已然构成侵权责任法意义上的个人信息。关联组合特定个人信息的行为可以构成侵权。

关联法律：《中华人民共和国民法典》第1034条第1、2款规定"自然人的个人信息受法律保护。个人信息是以电子或者其他方式记录的能够单独或者与其他信息结合识别特定自然人的各种信息，包括自然人的姓名、出生日期、身份证件号码、生物识别信息、住址、电话号码、电子邮箱、健康信息、行踪信息等"。《中华人民共和国个人信息保护法》第4条规定："个人信息是以电子或者其他方式记录的与已识别或者可识别的自然人有关的各种信息，不包括匿名化处理后的信息。个人信息的处理包括个人信息的收集、存储、使用、加工、传输、提供、公开、删除等。"

3.1.2　个人信息不必然归入隐私保护领域

【诉讼争议】：A 自然人诉 B 公司隐私权、个人信息保护纠纷。A 诉称，其使用的社交软件将好友关系数据给予阅读软件，两个软件均属于 B 运营且在软件设计上阅读软件自动关注社交软件中的好友，好友可知晓并查看 A 的读书信息；鉴于此，B 侵犯了其个人信息权益和隐私权。B 辩称，读书记录向共同使用阅读软件的好友开放是阅读软件用户协议的内容并经 A 同意，A 未证明阅读软件存在自动添加关注的行为，因此不构成侵权。

规则解析："可识别性"是确定个人信息的核心标准。在识别方式上，既可以是运用单独信息进行识别，也可以是运用信息组合进行识别；在识别对象上，既可以是确定特定自然人，也可以是确定特定自然人的个体自然和社会特征，例如读书时长、最近阅读、书架、推荐书籍、读书想法等；在识别能力上，只要是运用用户昵称、头像、账号、手机号、共同好友关系链接组合、特定地理位置等信息，实际达到了可识别性标准即构成"可识别性"。经营者应当以显著方式向个人告知其经营活动中的信息识别行为，并获得个人自愿、明确的同意。在未获得个人同意的情况下，同一信息处理者在其运营的不同产品或服务中共享收集的个人信息，构成了对个人信息权益的侵害。此外，不同用户对于读书信息的隐私保护意愿不同，可能有不为他人知晓的意愿，也可能有知识共享和商业运营的意愿。因此，既不能完全排除在隐私保护之外，也不能完全笼统划入私密信息范畴，需要结合信息的具体内容、私密程度、采集方式、处理方式、利益得失、个人诉求、实际场景等因素进行综合判断。

关联法律：《中华人民共和国民法典》第 1032 条规定："自然人享有隐私权。任何组织或者个人不得以刺探、侵扰、泄露、公开等方式侵害他人的隐私权。隐私是自然人的私人生活安宁和不愿为他人知晓的私密空间、私密活动、私密信息。"第 1034 条第 3 款规定："个人信息中的私密信息，适用有关隐私权的规定；没有规定的，适用有关个人信息保护的规定。"

3.1.3　个人信息保护一般优先于个人信息服务模式

【诉讼争议】：A 自然人诉 B 公司个人信息、隐私权保护纠纷。A 诉称，在未告知隐私政策的情况下，B 要求网络用户在登录其运营网站时必须填写姓名、职业、学习目的、相应业务水平等内容，强制收集用户画像信息；鉴于此，B 侵犯了其个人信息权益和隐私权。B 辩称，收集网络用户的标签信息是推荐服务内容的必经步骤，网络用户填写信息的过程即证明其同意了信息采集行为。

规则解析：涉案软件在用户首次登录界面要求用户提交职业类型、学龄阶段、业务水平等相关信息，且未设置"跳过""拒绝"等不同意提交相关信息情况下的登录方式，此种产品设计将导致不同意相关信息收集的用户为实现使用软件的目的，不得不勾选同意或提交相应的信息，即提交相关信息成为网络用户成功登录、使用功能的唯一方式。此种同意或对个人信息的提供，是在信息主体不自由或不自愿的情况下，强迫或变相强迫地作出的，不能被认定为有效同意。网络服务经营者不得以提供个性化决策推送信息的业务模式为由，主张收集用户画像信息。

关联法律：《中华人民共和国个人信息保护法》第 14 条规定："基于个人同意处理个人信息的，该同意应当由个人在充分知情的前提下自愿、明确作出。法律、行政法规规定处理个人信息应当取得个人单独同意或者书面同意的,从其规定。个人信息的处理目的、处理方式和处理的个人信息种类发生变更的,应当重新取得个人同意。"

3.1.4　对个人信息保护范围可延伸至不同经营环节

【诉讼争议】:A 自然人诉 B 公司、C 公司个人信息保护纠纷案。A 诉称,在使用 B 所有的 App"免输卡号添加银行卡"功能时偶然得到"暂无银行卡可以绑定"的反馈,由此发现 B 向银行泄露了个人信息,并且 B 向 App 实际运营公司 C 泄露了个人信息,侵害了个人信息权益。B 辩称,用户协议已经有收集信息条款,信息处理行为是帮助 A 开通支付服务所需,具有合法性基础。C 辩称,获取、处理 A 的个人信息经过了实名认证且是开通支付服务所需,具有充分的合法性基础。

规则解析:商业化软件的所有者公司和实际运营公司均应当承担个人信息保护义务,在收集、处理个人信息时均应当明示信息处理的目的、方式、范围。收集个人信息的公司与个人之间的协议,并不能代替或者免除后续使用个人信息公司的义务。后续运营环节的公司可能因为未履行告知、征询意愿等义务,而被认定为侵害个人信息权益。

关联法律:《中华人民共和国民法典》第 1038 条规定:"信息处理者不得泄露或者篡改其收集、存储的个人信息;未经自然人同意,不得向他人非法提供其个人信息,但是经过加工无法识别特定个人且不能复原的除外。"

3.1.5　对已合法公开的个人信息可依法再开发

【诉讼争议】:A 自然人诉 B 公司网络侵权责任纠纷案。A 诉称,在 B 公司经营的网站可搜索到 A 作为当事人的一审、二审、再审劳动争议裁判文书并链接至中国裁判文书网，且公开文书均显示了 A 姓名以及相关信息；鉴于此，B 非法收集了个人信息、不正当利用信息并侵犯了其个人信息权益。B 辩称，其行为合法，并没有侵犯 A 的合法权益。

规则解析：关于信息收集手段的合法性问题，因涉案文书属于法院依法向社会公开的司法数据，商业化软件运营公司使用通用的爬虫技术收集信息数据、未采用中国裁判文书网上明确禁止的提供镜像等技术，不违反国家禁止性规定，收集信息不属于非法行为。关于信息利用方式的合理性问题，软件运营公司的经营模式是通过对司法公开数据的再度利用，通过向公众提供司法文书服务获取流量并取得广告、投资收益，这一行为属于商业化使用，软件展示的信息内容与裁判文书公开信息一致，不存在篡改处理，未基于不正当目的进行数据匹配处理，信息利用形式保障公众对相关信息的知情权，有利于社会诚信体系的建设。综上，软件运营公司对涉案信息的收集、使用并未违反立法关于个人信息保护的相关规定。

关联法律：《中华人民共和国个人信息保护法》第 13 条规定："符合下列情形之一的，个人信息处理者方可处理个人信息：（一）取得个人的同意；（二）为订立、履行个人作为一方当事人的合同所必需，或者按照依法制定的劳动规章制度和依法签订的集体合同实施人力资源管理所必需；（三）为履行法定职责或者法定义务所必需；（四）为应对突发公共卫生事件，或者紧急情况下为保护自然人的生命健康和财产安全所必需；（五）为公共利益实施新闻报道、舆论监督等行为，在合理的范围内处理个人信息；（六）依照本法规定在合理的范围内处理个人自行公开或者其他已经合法公开的个人信息；（七）法律、行政法规规定的其他情形。"《中华人民共和国民法典》第 1032 条规定：

"处理个人信息,有下列情形之一的,行为人不承担民事责任:(一)在该自然人或者其监护人同意的范围内合理实施的行为;(二)合理处理该自然人自行公开的或者其他已经合法公开的信息,但是该自然人明确拒绝或者处理该信息侵害其重大利益的除外;(三)为维护公共利益或者该自然人合法权益,合理实施的其他行为。"

3.1.6　个人信息可依法作为诉讼或者其他相关证据使用

【诉讼争议】:A 自然人诉 B 公司个人信息保护纠纷案。A 诉称,在关联诉讼案件中,B 未经 A 同意,也未经国家机关和司法机关的要求,从其经营数据库中调阅 A 的寄递信息进行公证并作为证据向法院提供,属于违法收集使用个人信息行为。B 辩称,其是合法收集证据行为。

规则解析:在满足合法获取信息、调取信息必要、未侵犯网络用户合法权益的条件时,经营者可以在诉讼中主动调取特定网络用户的个人信息并作为证据使用。具体来说,即经营者将合法手段取得的特定网络用户的个人信息作为证据向法院提交是民事诉讼法规定的举证行为,属于履行法定义务的行为;网络经营者是在其证明目的的合理范围内进行保全和举证,是保护自身权益的必要行为;网络经营者在主观和客观上没有侵犯特定网络用户和群体性网络用户的合法权益。

关联法律:《中华人民共和国个人信息保护法》第 13 条规定:"符合下列情形之一的,个人信息处理者方可处理个人信息:(一)取得个人的同意;(二)为订立、履行个人作为一方当事人的合同所必需,或者按照依法制定的劳动规章制度和依法签订的集体合同实施人力资源管理所必需;(三)为履行法定职责或者法定义务所必需;(四)为应对突发公共卫生事件,或者紧急情况下为保护自然人的生命健康和财产安全所必需；(五)为公共利益实施新闻报道、舆论监督等行为，在合理的范围内处理个人信息；(六)依照本法规定在合理的范围内处理个人自行公开或者其他已经合法公开的个人信息；(七)法律、行政法规规定的其他情形。"《中华人民共和国民事诉讼法》第67条规定："当事人对自己提出的主张，有责任提供证据。"第68条规定："当事人对自己提出的主张应当及时提供证据。"

3.1.7　用户可以依法查询和复制个人信息

【诉讼争议】：A自然人诉B公司隐私权、个人信息保护纠纷案。在诉讼过程中，B抗辩称其以提交CRM系统截图证据的方式满足了A查阅和复制个人信息的要求。A对此提出异议，认为B提供的信息内容不全、不够清晰且未在合理期限内作出，构成侵权。

规则解析：个人信息查询和复制的范围应以经营者收集和存储的个人信息范围为限，例如手机号码、账户信息、订单信息、用户画像和特征标签信息等。经营者可就查询和复制的方式与用户进一步约定，就查询复制的方式和渠道进行告知，例如在有的案件中用户提出查阅复制申请三个多月后，经营者才提供查询内容副本，这已经明显超过个人信息查询和复制的合理时间。

关联法律：《中华人民共和国民法典》第1037条规定："自然人可以依法向信息处理者查阅或者复制其个人信息。"《中华人民共和国个人信息保护法》第45条规定："个人有权向个人信息处理者查阅、复制其个人信息……个人请求查阅、复制其个人信息的，个人信息处理者应当及时提供。"

3.2　经营者数据权益的保护

数据产业的发展状态决定了未来数字经济发展的方向和高度。

从产业链构成角度而言,经营者数据权益涉及基础硬件、基础软件、应用软件、信息安全等领域,特别是芯片、操作系统、数据库等内容。从全球产业发展角度而言,数据已经成为一项重要的经济投入,[①]经营者数据权益的重要程度可以与资本、劳动、土地、技术等经营要素相提并论。当前,经营者数据权益的保护主要面临两个难题:第一,在经营者与个人用户之间,收集和处理数据的经营者拥有什么数据权益。第二,在不同经营者之间,参与数据收集、存储、持有、加工、利用等不同运营环节的经营者分别对数据享有何种权益。

3.2.1　经营者可合法获取、运营经过脱敏化处理的公开个人信息

【诉讼争议】:A 自然人诉 B 公司隐私权、个人信息保护纠纷案。A 诉称,在出售个人机动车时发现 B 运营的 App 可查询其车辆的行驶数据、维保数据等历史车况报告,认为历史车况报告反映了其驾驶特征和行踪、消费能力和习惯等信息,侵犯了其隐私权和个人信息保权益。B 辩称,车况报告信息未披露车主身份,汽车保养和维修信息不具有私密性,因此具有合法性。

　　规则解析:商业化软件的所有者可以收集、开发来源于第三方依法获得的公开信息。在一般情况下,经脱敏化处理的数据可以杜绝他人知晓或者评价具体个人行为或者状态、无法排他性地关联到车辆所有人的特定个人信息。案涉车辆车架号、基本行驶及维修保养数据不具有私密性且可以从公开途径获取,历史车况信息数据的开放共享有利于保护潜在消费者以及其他不特定人员的人身安全。在比较、平衡以上两方面的潜在利益和侵权成本基础后,应当选择鼓励经营者合法使用数据。

---

① 　[英]维克托・迈尔-舍恩伯格、肯尼斯・库克耶著:《大数据时代:生活、工作与思维的大变革》,盛杨燕、周涛译,浙江人民出版社 2013 年版,第 8 页。

关联法律：《中华人民共和国民法典》第1036条规定："处理个人信息,有下列情形之一的,行为人不承担民事责任:(一)在该自然人或者其监护人同意的范围内合理实施的行为;(二)合理处理该自然人自行公开的或者其他已经合法公开的信息,但是该自然人明确拒绝或者处理该信息侵害其重大利益的除外;(三)为维护公共利益或者该自然人合法权益,合理实施的其他行为。"

3.2.2 经营者对在网络服务中合法取得的个人用户数据以及数据展示规则可依法享有相关权利

【诉讼争议】:A公司诉B公司不正当竞争纠纷案。A诉称,其运营大型直播网络平台,B通过技术手段抓取进驻A运营软件的主播直播数据,依托数据推算等方式整合展示"网红"主播收益数据和头部粉丝打赏数据,构成不正当竞争。B辩称,其抓取直播间的部分公开数据,在自行整理计算后通过"直播红人榜""礼物星光榜""土豪排行榜"等榜单方式进行公开展示,未对A运营软件产品运行造成任何破坏。

规则解析:直播平台企业基于用户协议以及实际经营需要依法享有收集、运营数据的权利,其数据展示规则受法律以及用户协议的约束。以技术手段抓取数据、进行计算,并在此基础上展示直播过程中单场收入、日收入、月收入、年收入等收益数据和打赏主体、时间、对象、金额等打赏数据的行为不利于保护个人信息权利,破坏了合法经营主体的数据展示规则以及相关竞争权益,不具有合法性和正当性。

关联法律:《中华人民共和国反不正当竞争法》第12条规定:"经营者利用网络从事生产经营活动,应当遵守本法的各项规定。经营者不得利用技术手段,通过影响用户选择或者其他方式,实施下列妨碍、破坏其他经营者合法提供的网络产品或者服务正常运行的行为：
(一)未经其他经营者同意,在其合法提供的网络产品或者服务中,插
入链接、强制进行目标跳转；(二)误导、欺骗、强迫用户修改、关闭、卸
载其他经营者合法提供的网络产品或者服务；(三)恶意对其他经营
者合法提供的网络产品或者服务实施不兼容；(四)其他妨碍、破坏其
他经营者合法提供的网络产品或者服务正常运行的行为。"

3.2.3　经营者对其开发的数据产品可享有独立的财产性权益

【诉讼争议】:A 公司诉 B 公司不正当竞争纠纷案。A 诉称,其收
集网络用户浏览、搜索、收藏、交易等行为产生的大量原始数据,通过
特定算法深度分析过滤、提炼整合数据后形成趋势图、排行榜、占比
图等指数型、统计型、预测性衍生数据,并以以上"大数据产品"为商
家提供市场行情分析等有偿服务；B 以提供远程登录已订购"大数据
产品"用户电脑技术服务(租用账号)方式,招揽、组织、帮助他人获取
"大数据产品"中的数据内容并从中牟利,构成不正当竞争。B 辩称,
数据产品所涉及的数据内容由网络用户提供,网络用户享有相关数
据的财产权益,A 不能主张权利。

规则解析:网络大数据产品不同于原始网络数据,其提供的数据
内容经过深度开发和系统整合已经形成了独立于网络用户信息、原
始网络数据无法直接对应的衍生数据体系。这一衍生数据体系被数
据开发者控制、使用,具有不同于网络用户信息、原始网络数据的价
值,能够带来可被区分的数据功能和实际经济利益。未经过合法开
发者同意而通过使用或者提供他人使用合法开发的大数据产品等方
式谋取商业利益的行为,损害了合法开发者的数据财产权益和正常
的数据市场竞争秩序。

关联法律:《中华人民共和国反不正当竞争法》第 2 条规定:"经

营者在生产经营活动中，应当遵循自愿、平等、公平、诚信的原则，遵守法律和商业道德。本法所称的不正当竞争行为，是指经营者在生产经营活动中，违反本法规定，扰乱市场竞争秩序，损害其他经营者或者消费者的合法权益的行为。"《中华人民共和国反不正当竞争法》第41条规定："网络运营者收集、使用个人信息，应当遵循合法、正当、必要的原则，公开收集、使用规则，明示收集、使用信息的目的、方式和范围，并经被收集者同意。"

3.2.4　经营者的非独创性规模数据集合利益受到法律保护

【诉讼争议】：A公司诉B公司不正当竞争纠纷案。A诉称，其通过收集、存储、加工、传输平台等方式合法运营平台数据，平台上的短视频、用户信息、用户评论等构成了数据集合并给A带来经济利益和竞争优势；B未经许可抓取平台数据中的短视频、用户信息和用户评价并通过其运营的软件进行展示和传播，构成不正当竞争。B辩称，不同意诉讼请求。

规则解析：短视频、用户信息、用户评论所形成的数据集合体不同于单一视频内容以及其影响，而是具有独立的整体商业价值。在内容选择和编排上不具有独创性的数据集体不构成著作权法保护的对象，但是非独创性规模数据集合体能够被整体使用、形成竞争利益并受反不正当竞争法的直接保护。非法掠夺短视频平台企业合法经营的数据成果并削弱其竞争优势的行为违反了诚实信用原则和商业道德，构成不正当竞争。

关联法律：《中华人民共和国反不正当竞争法》第2条规定："经营者在生产经营活动中，应当遵循自愿、平等、公平、诚信的原则，遵守法律和商业道德。本法所称的不正当竞争行为，是指经营者在生产经营活动中，违反本法规定，扰乱市场竞争秩序，损害其他经营者或者消费者的合法权益的行为。"

3.2.5 非搜索引擎应用场景中的网站经营者可依法限制数据抓取行为

【诉讼争议】：A 公司诉 B 公司不正当竞争纠纷案。A 诉称，B 在其经营网站设置 robots.txt 文件并将 A 的网络机器人宣示为不受欢迎者，这一行为构成了不正当竞争。B 辩称，因 A 经营网站存在侵犯他人著作权、肖像权以及不正当竞争行为，故宣示其网络机器人为不受欢迎者；涉案声明属于单方宣示行为且只存在文字记载，没有采取技术上的限制，并不构成不正当竞争。

规则解析：网站经营者通过爬虫协议限制其他网站网络机器人的行为，不应作为一种互联网经营模式进行绝对化的合法性判断，而应结合爬虫协议设置方与被限制方所处的经营领域和经营范围、被限制的网络机器人应用场景、爬虫协议造成的实际影响等多种因素进行综合判断。在非搜索引擎应用场景里，主要适用于搜索引擎领域中有关设置爬虫协议的行业惯例并不当然适用，设置限制他人抓取网站内容的爬虫协议不必然属于违反商业道德的行为，没有损害消费者利益、竞争性权益、公共利益的限制抓取爬虫协议不应被认定为侵权。互联网行业中的信息自由流动并非绝对无限制，数据是企业的重要资产内容，在数据确权分类尚不清晰的情况下可以基于自主经营权对企业数据权益进行保护。

关联法律：《中华人民共和国反不正当竞争法》第 2 条规定："经营者在生产经营活动中，应当遵循自愿、平等、公平、诚信的原则，遵守法律和商业道德。"

3.2.6 在算法侵权案件中审慎认定网络经营者的义务和责任

"平台—数据—算法"业态结构是当前我们数字经济发展的主要

模式。算法是人工智能发展的重要领域,也是科创领域企业的关键权益。算法技术合法合规是算法应用推广的必要前提。然而,算法的复杂性、不透明以及社会公众缺乏风险识别能力等原因,造成了算法对个人数据的最终使用已远超出个人意图范围和认知能力,算法控制者与普通个人之间的谈判履约能力和权利救济能力失衡,作为算法编制者的企业在客观上却直接建立了部分公共网络秩序和社会伦理规则等问题。一方面,在数字经济活动中,企业的算法技术以及相关权益需要受到充分保护。关于算法的司法保护通常有以下几条路径:算法被认为是数据处理的计算规则,属于"思想"范畴,著作权对其保护相对有限,其更注重保护"表达";算法被认为是智力活动的规则和方法,专利权对于缺少明显技术特征方法的保护也相当有限;算法被认为是商业秘密,但在当前的立法标准和司法活动中商业秘密的证明难度、侵权行为和损害结果的证明难度均较大,企业的维权成本较高。另一方面,随着全社会对算法的认知逐步深入,算法本身涉及的问题越来越多地受到重视。相关争议已经进入司法领域:在通过算法个性化推送侵权作品的案件中,司法重点审查是否侵害作品信息网络传播权以及责任分配模式;在通过算法深度伪造、大数据匹配等技术侵害人格权和通过自动化决策等技术侵害企业财产权的案件中,司法重点审查是否存在侵害行为和结果;在算法导致"大数据杀熟"、干扰消费决策等案件中,司法重点审查算法竞价排名等技术对买卖合同和网络服务合同订立、履行等意思行为的不利影响;在通过算法侵害劳动者合法权益案件中,司法重点审查是否不利于充分保护劳动者的平等就业、劳动安全等合法权益。在司法实践中,需要重点平衡个人信息、平等就业、劳动安全、消费者知情、公平交易、公平竞争、商业秘密、技术秘密等各项权益,通过综合考量平台的技术能力,对不同侵权或违约行为的实际控制力、结果预见度、主观意图、预防和救济措施等因素判断相关责任。

【诉讼争议】:A 自然人诉 B 公司人身权益侵权纠纷案。A 诉称,其在 B 运营的征婚交友平台中提交了真实的头像、手机号等个人信息并开通了账号,在正常使用过程中平台对其进行封号并向他人提示"账号存在异常""不要与之发生金钱往来",由此导致多位好友对其造成误解,名誉权受到侵害。B 辩称,平台在短期内多次检测到案涉账户出现"金融""基金""加微信"等诈骗案件所涉高频词汇,由此触发了平台的风控系统,但在 A 致电客服后已经对案涉账号进行了解封处理,平台的风控系统是为了保护公共利益,不存在侵权行为。

案件要点:算法风控系统"误判"是否应当承担责任以及由谁承担责任?

规则解析:在具体案件中,网络服务提供者具有对算法逻辑机理进行说明和披露的义务。网络服务提供者设置"预防性风控系统"对网络用户进行无差别筛查,预防网络诈骗行为,系为了实现法律要求的监管义务和公共利益,符合法定义务要求。对于网络用户提出的请求,网络服务提供者在合理的期限内采取了核查信息、解除封禁、消除风险提示等有效措施,并无主观过错和致害行为。基于此,算法风控系统"误判"后,网络服务提供者采取积极有效弥补措施,不应再对其苛责。

关联法律:《中华人民共和国反电信网络诈骗法》第 25 条规定:"电信业务经营者、互联网服务提供者应当依照国家有关规定,履行合理注意义务,对利用下列业务从事涉诈支持、帮助活动进行监测识别和处置:(一)提供互联网接入、服务器托管、网络存储、通信传输、线路出租、域名解析等网络资源服务;(二)提供信息发布或者搜索、广告推广、引流推广等网络推广服务;(三)提供应用程序、网站等网络技术、产品的制作、维护服务;(四)提供支付结算服务。"《中华人民共和国民法典》第 1197 条规定："网络服务提供者知道或者应当知道网络用户利用其网络服务侵害他人民事权益，未采取必要措施的，与该网络用户承担连带责任。"

3.3 公共数据权益的司法保护

公共数据的内容涉及气象、卫生、交通、水电、税收等多个方面。以医疗数据为例，2019 年 WHO 首次在《全球数字健康战略（2020—2024）》中将数字健康定义为"通过数字技术改善健康的任何相关知识和实践"，很多国家和地区均利用数字技术赋能诊疗服务、探索医疗数字技术与医疗卫生健康整个产业链的深度融合。特别是新冠疫情期间和之后，众多医院和医疗健康平台开设了互联网诊疗服务，将数字技术与具体医疗服务或医疗产品相结合，形成了基于数字应用的药品制作使用方法和医疗器械产品。在数字健康方面，主要存在的问题包括：第一，医疗数据保护的相关问题。在互联网医疗、临床科研和疫情防控等健康医疗领域场景中，大部分医疗机构尚未建立起具有体系性、实操性的个人信息保护管理制度。主要表现为不同医疗机构人员对于个人隐私安全重要性的认识不足，处理相关数据以及相关争议的技术和法律能力差异性较大，尤其是数据加密、数据匿名化、数据访问控制等技术的适用性不足、更新较慢。在实践中，需要医疗机构加强电子健康档案数据传输和访问中的隐私安全建设并加强医护人员对电子病历隐私保护意识等。第二，医疗数据共享的相关问题。目前，各个医疗机构之间的医疗数据互联互通缺乏政策依据和配套的制度保障，医疗电子数据语义和技术标准不统一在一定程度上导致数据壁垒，医疗数据分类管理标准和管理责任不明确，不利于激励医疗机构管理者推动数据共享工作。在实践中，需要推动建立统一的健康医疗数据标准体系,打通健康医疗数据的流通壁垒,构建健康医疗数据安全风险防控体系。

经营者在对公共数据进行商业化开发利用时不得损害原始数据来源主体的合法权益

【诉讼争议】:A 公司、B 公司诉 C 公司不正当竞争案。A 诉称,C 向特定用户推送发布了 5 年前有关 B 清算的企业信息并涉及 A 的关联经营活动,短时间内关于 A、B 的新闻搜索达到千万条以上,故主张经济损失、合理费用并消除影响。C 辩称,发布推送信息与信息源头精准一致,内容抓取自全国企业信用公示系统的公共数据,不存在通过二次编辑把舆论锚点标在 A、B 经营行为的故意,不同意 A、B 的诉讼请求。

规则解析:经营者在开发利用公共数据时,同时承担着相应的民事义务。对公共数据的利用不得损害国家利益、社会利益和其他主体合法权益,特别是不能损害数据原始主体的合法权益。不得因信息发布中的偏差行为造成用户或者潜在用户对数据原始主体的商誉、经营状况等形成错误认识,进而导致数据原始主体的交易机会减少或交易成本增加。对公共开放数据的不当使用、未能尽到必要的注意义务并导致法人或自然人等原始数据主体的合法利益受损的,公共数据使用者应承担法律责任。

关联法律:《中华人民共和国数据安全法》第 8 条规定:"开展数据处理活动,应当遵守法律、法规,尊重社会公德和伦理,遵守商业道德和职业道德,诚实守信,履行数据安全保护义务,承担社会责任,不得危害国家安全、公共利益,不得损害个人、组织的合法权益。"《中华人民共和国不正当竞争法》第 11 条规定:"经营者不得编造、传播虚假信息或者误导性信息,损害竞争对手的商业信誉、商品声誉。"

第4章 数字经济交易规则的创新生成

截至 2023 年底,我国各地抢滩数据交易的趋势十分明显,共有实际运营中的数据交易所 30 余家。2015 年,贵阳大数据交易所挂牌运营全国首家大数据交易所。北京国际大数据交易所拥有数据信息登记平台、数据交易平台、数据运营管理服务平台、金融创新服务平台、数据金融科技平台五大功能,具有综合交易的特点。上海数据交易所主要职能为交易服务,构建"数商"新业态,首发全球数字化数据交易系统和数据产品说明书,具有精细化运营的特点。深圳数据交易所牵头成立全国首个隐私计算开源社区、实现国内首笔跨境交易、吸引市场主体覆盖 26 个省市,正努力建成全国数据流通交易生态核心。

然而,目前我国数据交易呈现出场外交易相对活跃、场内交易相对冷清的态势。有的数据行业企业反映,市场数据需求旺盛,但场内交易不足 5%。究其原因在于:

第一,场内外交易中数据产品同质化严重。鉴于数据可复制、易流通的特点,大量数据交易可以在场外以点对点方式进行,场内数据交易的可替代性强、难以形成有竞争力的交易优势,由此导致场内数据交易的活跃度不高。其中,一个重点问题是,数据交易磋商过程中,买方需要事先了解或者获取数据信息以确定其价值,但买方一旦获取卖方披露的简要或者部分数据信息则可能直接实现了其交易目的,不必再进行数据交易。例如,买方在知悉有关数据内容后,可通过一定算法自行获取信息或者在多方比价议价中处于主动地位,此时卖方的数据权益难以得到有效保障,数据供给不足现象在所难免。

第二,统一合理的场内数据定价机制尚未形成。数据交易的核心是建立符合市场规律的定价机制,缺乏合理的估值定价机制可能导致企业经营缺少必要的市场激励机制,公平公开且可持续的市场交易模型无法形成。

第三,数据交易规则和争议解决规则不明确、不稳定。目前的数据市场场内交易主要是通过买卖双方自行约定权利义务的方式实现的,统一标准化的交易规则比较欠缺,数据产品交易过程中发生的纠纷也缺乏有效的预防与解决机制,场内交易并不能明显降低交易的成本,提升交易的效率。其中,一个重点问题是,数据权属不清晰加剧了数据交易主体对合规性的担忧。例如,有的通信运营商、数据服务公司在未征得用户个人同意和确认的情况下将用户的身份证号、姓名、手机等个人信息提供给银行、保险公司等金融机构。银行、保险公司在给用户办理个人业务时先验证身份证号、姓名、手机信息,不通过验证则不能办理业务。实务界和理论界的研究人员对以上数据交易行为的合规性也存在疑问。

第四,数据安全问题成为数据市场主体的普遍关切。调研发现,60%以上的受访者认为,当前数据市场交易全流程中的数据安全普遍缺乏保障,诸如有效限制敏感数据被复制、防止数据泄露和滥用、及时准确记录交易关键信息等问题是激励企业入场交易中应当解决的重点和难点。鉴于此,立法和司法活动应通过创设相应的特殊交易规则促进数据的流通与利用。

4.1 一般合同中的数据交易保护

4.1.1 违背公序良俗和公共利益的网络数据交易合同无效

【诉讼争议】：A 自然人诉 B 自然人网络服务合同纠纷案。A 诉称，其向 B 提供"暗刷流量"网络服务并约定了代码、结算方式、单价等内容，合同在履行过程中双方结算过三次，在最后一次流量投放后 B 未支付服务费，因此主张网络服务费。B 辩称，"暗刷流量"服务违反法律禁止性规定，合同无效，A 无权要求支付对价。

规则解析："暗刷流量"行为属于欺诈性点击行为，一方面该行为破坏正当的市场竞争秩序，另一方面会误导网络用户选择与其预期不相符的网络产品，因此"暗刷流量"合同自始无效。双方当事人不得基于合意行为获得其所期待的合同利益。鉴于此，应判决驳回原告的诉讼请求；同时，另行制作决定书，对原被告双方在合同履行过程中的获利予以收缴。

关联法律：《中华人民共和国民法典》第 153 条规定："违反法律、行政法规的强制性规定的民事法律行为无效。"第 155 条规定："无效的或者被撤销的民事法律行为自始没有法律约束力。"

4.1.2 网络用户依据合同约定获取的游戏账号、形成的游戏数据权益受法律保护

【诉讼争议】：A 自然人诉 B 公司、C 公司网络服务合同纠纷案。A 诉称，在某公司在线运营的网络游戏中注册了甲账号，绑定实名认证的手机号码和邮箱，协议约定不支持账号售卖；在 A 未登录一段时间后，一案外自然人从第三方网站购买获得了甲账号；B、C 在获得某公司授权并经营案涉游戏后，要求玩家将账号数据迁移至新服务

器并注册新账号；A 通过"数据迁移账号争议申诉"重新获得甲账号控制权后，将数据迁移至新服务器，并注册乙账号；案外自然人又通过"数据迁移账号争议申诉"获得甲账号的数据，封停 A 的乙账号，因此 A 诉请要求 B、C 将乙账号解封并交其使用。B、C 不同意 A 的诉讼请求。

规则解析：平台应当严格遵守法律和合同约定，提供网络服务。网络用户与平台之间签订网络服务协议，如果按照游戏注册协议，网络用户为初始申请注册人并享有注册账号使用权，那么其他网络用户从第三方网站购买的上述账号使用权不受法律保护。按照网络平台经营所需以及相关数据迁移规则，网络用户可以按照数据迁移流程将其合法拥有的账号内数据迁移至新服务器和新账号，并在新账号中继承游戏进度、成就等权益。

关联法律：《中华人民共和国民法典》第 127 条规定："法律对数据、网络虚拟财产的保护有规定的，依照其规定。"

4.1.3　经营者超过合同约定事项范围擅自使用个人声音数据构成侵权

【诉讼争议】：A 自然人诉 B 公司、C 公司人格权侵权案。A 诉称，其曾接受 B 委托录制录音制品，且约定 B 为录音制品的著作权人；后 B 将录音制品提供给 C 并允许其通过使用、复制、修改数据等方式用于商业或者非商业用途；C 以录音制品数据为基础素材进行 AI 化处理，应用于一些文本材料并对外销售，B、C 构成侵权。B 辩称，其享有录音制品的著作权，AI 化产品是综合性音频内容，不是单纯的有声读物，并没有侵害他人权益。C 辩称，其已经得到了 B 的授权，AI 化产品不具有对 A 人格的可识别性，不构成侵权。

规则解析：自然人的声音以声纹、音色、频率为区分，具有独特性、唯一性、稳定性特征，可以对外展示一个人的行为和身份，并可以创造实际的经济利益。录音制品的著作权并不等同于声音数据的使用权利，经营者不得在未经授权的情况下使用自然人声音数据的相关权利。无声音数据合法来源的经营者擅自进行 AI 化处理并销售相关产品，具有主观错误，侵害了自然人声音权以及相关数据权利，应当承担法律责任。

关联法律：《中华人民共和国民法典》第 127 条规定："法律对数据、网络虚拟财产的保护有规定的，依照其规定。"第 1023 条规定："对自然人声音的保护，参照适用肖像权保护的有关规定。"第 1018 条规定："自然人享有肖像权，有权依法制作、使用、公开或者许可他人使用自己的肖像。"第 1019 条规定："未经肖像权人同意，不得制作、使用、公开肖像权人的肖像，但是法律另有规定的除外。未经肖像权人同意，肖像作品权利人不得以发表、复制、发行、出租、展览等方式使用或者公开肖像权人的肖像。"

4.2 数字知识产权相关权益的司法保护

企业可依法获得独创性的数据权益并进行交易

【诉讼争议】：A 公司诉 B 公司数据库侵权案。A 诉称，其利用国家商标总局的商标公告资料汇编成商标信息数据库，开发、销售查询系统软件及其功能，并由此获取营利；B 通过反向破解获取、复制了数据库并进行营利，在其查询服务结果中带有 A 加注的暗记，因此构成侵权。B 辩称，不同意 A 的诉讼请求。

规则解析：企业可以对国家机构公告的信息进行提取、分类和整理，并依法进行创新性的开发处理、销售营利。如果企业对公开数据的编排和整理体现出独创性，则数据库可以构成汇编作品，受著作权法保护。擅自复制企业的汇编数据库作品并营利的行为,侵犯了企业享有的数据库复制权。

关联法律:《中华人民共和国民法典》第 127 条规定:"法律对数据、网络虚拟财产的保护有规定的,依照其规定。"《中华人民共和国著作权法》第 11 条规定:"著作权属于作者,本法另有规定的除外。创作作品的自然人是作者。由法人或者非法人组织主持,代表法人或者非法人组织意志创作,并由法人或者非法人组织承担责任的作品,法人或者非法人组织视为作者。"第 15 条规定:"汇编若干作品、作品的片段或者不构成作品的数据或者其他材料,对其内容的选择或者编排体现独创性的作品,为汇编作品,其著作权由汇编人享有,但行使著作权时,不得侵犯原作品的著作权。"

4.3　数字金融相关权益的司法保护

4.3.1　数字金融产业中各运营环节的企业均承担个人信息保护义务

【诉讼争议】:A 自然人诉 B 公司、C 公司个人信息保护纠纷案。A 诉称,在使用 B 所有的 App"免输卡号添加银行卡"功能时偶然得到"暂无银行卡可以绑定"的反馈,由此发现 B 向银行泄露了个人信息,并且 B 向 App 实际运营公司 C 泄露了个人信息,侵害了个人信息权益。B 辩称,用户协议中约定了收集信息条款,信息处理行为是帮助 A 开通支付服务所需,具有合法性基础。C 辩称,获取、处理 A 的个人信息经过了实名认证且开通支付服务所需,具有充分的合法性基础。

规则解析:金融商业化软件的所有者公司和实际运营公司均承担着个人信息保护义务,相关不同运营环节的企业可能同时侵害个人信息权益。在收集、处理个人信息时，不同运营环节的企业均应当明示信息处理的目的、方式、范围的行为。收集个人信息的公司与个人之间的协议，并不能代替或者免除后续使用个人信息公司的义务。

关联法律：《中华人民共和国民法典》第1036条规定："处理个人信息，有下列情形之一的，行为人不承担民事责任：（一）在该自然人或者其监护人同意的范围内合理实施的行为；（二）合理处理该自然人自行公开的或者其他已经合法公开的信息，但是该自然人明确拒绝或者处理该信息侵害其重大利益的除外；（三）为维护公共利益或者该自然人合法权益，合理实施的其他行为。"第1038条规定："信息处理者不得泄露或者篡改其收集、存储的个人信息；未经自然人同意，不得向他人非法提供其个人信息，但是经过加工无法识别特定个人且不能复原的除外。"

4.3.2　销售基于分布式记账技术铸造的数字藏品构成债权关系

【诉讼争议】：A自然人诉B公司侵害作品信息网络传播权纠纷案。A诉称，B未经允许而擅自在其经营的网站上以数字藏品的形式售卖A创作的动态美术作品，多名买家在购买作品后再次上架销售并转手多次，上述行为侵害了其合法权益。B不同意A的诉讼请求。

规则解析：非同质化代币、区块链等基于分布式记账技术的本质是一组加盖时间戳的元数据、是一张权益凭证，相关交易流转属于债权转让。擅自将他人作品铸造成数字藏品并通过销售等方式提供网站浏览的行为构成侵犯信息网络传播权。购买人转售行为的本质是与铸造者形成了债权关系，在没有与铸造者构成共同侵权的前提下购买人对作者不承担侵权责任。

关联法律：《中华人民共和国民法典》第127条规定："法律对数

据、网络虚拟财产的保护有规定的,依照其规定。"《中华人民共和国著作权法》第 10 条规定:"著作权包括下列人身权和财产权:……(五)复制权,即以印刷、复印、拓印、录音、录像、翻录、翻拍、数字化等方式将作品制作一份或者多份的权利;……(十二)信息网络传播权,即以有线或者无线方式向公众提供,使公众可以在其选定的时间和地点获得作品的权利;……"《中华人民共和国著作权法》第 53 条规定:"有下列侵权行为的,应当根据情况,承担本法第五十二条规定的民事责任;侵权行为同时损害公共利益的,由主管著作权的部门责令停止侵权行为,予以警告,没收违法所得,没收、无害化销毁处理侵权复制品以及主要用于制作侵权复制品的材料、工具、设备等,违法经营额五万元以上的,可以并处违法经营额一倍以上五倍以下的罚款;没有违法经营额、违法经营额难以计算或者不足五万元的,可以并处二十五万元以下的罚款;构成犯罪的,依法追究刑事责任:(一)未经著作权人许可,复制、发行、表演、放映、广播、汇编、通过信息网络向公众传播其作品的,本法另有规定的除外。"

第 5 章 数字经济反不正当竞争规则的创新生成

从全国诉讼案件反映的整体情况看,数字经济领域的竞争关系呈现出阶段性的特点,第一个阶段是软件运营方之间对特定用户和单一市场的竞争,第二个阶段是互联网平台在多领域市场中对流量的竞争,第三个阶段是全部市场主体对数据资源的竞争。从数据类不正当竞争案件的诉辩情况看,原告一般为控制丰富数据资源的平台企业,被诉不正当竞争行为因依附技术发展而变得更加深度隐秘,利用的数据资源也更加丰富多样,原告的胜诉率普遍较高,但是相关损失确定较难或者赔偿数额相对较低;被告多以"技术中立""技术创新"进行抗辩,表现出对平台企业垄断数据、数据互联互通壁垒、数据合理利用方式严苛等问题隐患的担忧。从当事人权利义务的争议方面看,囿于当前法定数据权利的体系、内容尚不明确以及数字经济领域反不正当竞争行为的类型化规则供给不足,法院在平衡保护相关数据权益各方中往往持有审慎的态度,既要保护数据享有者的合法权益,又要促进数据的合理利用,还要充分保障市场活动中的公共利益。

同时,在司法实践中,涉数字经济不正当竞争案件的审理还存在一些难点问题。

　　第一,司法保护的重心和权重尚不明确。由于相关法律规范的空白或者模糊,有的裁判着重保护特定当事人的合法权利或者权益,有的裁判着重保护不特定竞争者利益、消费者福利、市场竞争秩序,两者在裁判认定中的保护边界和程度不清晰,由此导致裁判论证逻辑的差异性以及市场主体对经营行为合法性判断的差异性。例如,随着数字经济尤其是平台经济中竞争关系的不断拓展,数据资源的流动性导致同业竞争的概念越来越模糊,不同产业、不同行业、不同领域、不同环节等市场主体之间均能形成跨界竞争关系,其行为也受到反不正当竞争法的调整。由此,反不正当竞争法保护的对象和利益更加丰富多元,诸如数字经济活动中"搭便车"行为实质性替代了相关产品或服务,给合法运营主体的服务器运行带来负担,导致原有产品功能的异化,使得用户对产品或服务的安全性评价降低等内容都可被纳入司法评价的范围。又如,关于消费者福利是否成为反不正当竞争法的直接保护对象就存在不同观点,在有的司法裁判中将消费者享有未受扭曲的商业选择利益作为核心保护内容,对经营者的误导、欺骗、强迫、充分告知、有效提示、获得许可等行为进行司法评价,进行形成是否构成不正当竞争的认定。

　　第二,技术规范、事实的认定和理解较为复杂。在司法实践中,诸如技术规范与法律规范的区分或者融合适用、诉请查明技术侵权事实、以技术创新进行抗辩、用技术方式推算损害范围、不同技术主体共同运营、通过技术修改数据信息等问题内嵌于司法裁判全过程,并成为法官不可能回避的要件或者要素。例如,在事实性质认定方面,利用爬虫软件爬取、开发、使用数据后是否形成"技术创新",已经成为判断数据获取方行为合理性的重要因素。又如,在举证责任方面,计算机程序运行过程和结果并非全以符合证据规则要求的形式留存,与技术相关事实的举证责任须在当事人之间进行合理分配。

这对法官准确理解技术的能力提出了考验。

第三,裁判援引法律的精准度不足。囿于数字经济治理规则供给不足以及当事人诉讼请求的混杂,有的裁判文书倾向于直接援引反不正当竞争法第 2 条原则条款和第 12 条第 2 款第 4 项互联网专用兜底条款,有的裁判文书援用反不正当竞争法第 8 条虚假宣传条款、第 11 条互联网专用条款、第 12 条商业诋毁条款与知识产权法单行法相关条款,这在一定程度上导致了司法保护路径的模糊性和裁判结果的不稳定。在一般情况下,涉数字经济不正当竞争案件应首先考虑援引反不正当竞争法第 12 条第 2 款前 3 项,其次考虑援引反不正当竞争法第 12 条第 2 款第 4 项,再次考虑援引反不正当竞争法第 2 条。此外,目前的法律条文很难对"广告＋免费视频""会员收费＋无广告视频"商业模式和竞争优势、用户互动数据和开发权益(点击量、点赞量、粉丝量、评论量)等现实利益进行周延且精准的立法评价与回应,只能由法官通过充分了解数字经济发展情况主动构建公平竞争的行为边界。

第四,司法对市场经济环境影响的评估不够充分。在全球和国内营商环境建设中,司法活动以及成效已经成为重要的评估项目指标。就法院和法官而言,在涉数字经济反不正当竞争案件中通常将是否违反网络安全法、个人信息保护法、消费者权益保护法、电子商务法等法律规范作为是否构成反不正当竞争的重要依据,试图通过查证违背上述法律规范论证市场主体相关行为的不正当性,而对于如何在个案裁判活动中协调保障数字经济的自由、公平、效率、安全价值则一直缺乏"竞争性""经济性"的实证研究支撑,这一难题的破解关系到产业、竞争、金融、技术创新、行业管理等经济政策的执行。

第五,反不正当竞争法与其他知识产权专门法之间的协调保护不足。一般情况下,涉案数据资源能够落入其他知识产权专门法所创设的知识产权保护范围中,应当优先适用知识产权法进行保护。在知识产权司法保护方面,我国知识产权法律体系已经全面建立惩罚性赔偿制度,最高人民法院出台惩罚性赔偿司法解释,为依法惩处严重侵犯知识产权行为提供了法律依据。面对数字经济发展新业态,一些网络服务提供者对严重侵害知识产权行为存在教唆、帮助等现象,法院对此缺乏适用惩罚性赔偿制度的依据,不利于开展平台治理、净化网络市场。

5.1　直接妨碍、破坏软件运营环境的不正当竞争行为

5.1.1　通过设置爬虫协议阻断特定搜索引擎并致跳转至其他搜索引擎可构成侵权

【诉讼争议】:A 公司诉 B 公司不正当竞争纠纷案。A 诉称,B 在爬虫协议允许国内外主流搜索引擎抓取内容背景下针对 A 运营搜索引擎采取阻断行为,导致 A 运营搜索引擎功能无法完整发挥作用,并导致网络用户在使用 A 运营搜索引擎时跳转至 B 运营的搜索引擎,造成网络用户使用 A 运营搜索引擎的体验感下降,减少了 A 运营搜索引擎的市场份额,构成侵权。B 辩称,网站允许哪些搜索引擎抓取、不允许哪些搜索引擎抓取是互联网市场交易自由的体现,并且搜索引擎收录网站和网页的情况是由搜索引擎的算法和带宽能力决定的,不存在侵权行为。

规则解析:爬虫协议是一种在互联网领域内由从业者自发形成的行业惯例。该协议是网站所有者通过一个置于网站根目录下的文本文件,告知搜索引擎的网络机器人可以抓取的网页或者数据范围,其本质是互联网的一种交互方式;其设置目的应是通过善意指引使搜索引擎机器人能够更有效地抓取对网络用户有用的信息,从而更

好地促进信息共享。网络运营者限制特定搜索引擎抓取，有悖于爬虫协议的设置初衷。通过设置爬虫协议阻断特定搜索引擎并致跳转至其他搜索引擎的行为，针对性、歧视性地影响了特定搜索引擎的正常运行，削弱了特定搜索引擎的交易机会和竞争优势，损害了网络用户自主选择的决定权，与互联网发展普遍遵循的开放、平等、协作、分享原则不相符，并妨碍了正常的互联网竞争秩序，违反了公平竞争原则。

关联法律：《中华人民共和国反不正当竞争法》第 2 条规定："经营者在生产经营活动中，应当遵循自愿、平等、公平、诚信的原则，遵守法律和商业道德。"

5.1.2 通过外挂软件擅自改变社交平台软件的既有功能可构成侵权

【诉讼争议】：A 公司、B 公司诉 C 公司、D 公司不正当竞争纠纷案。A、B 诉称，C、D 利用外挂技术将甲软件功能模块嵌套于 A、B 开发运营的社交平台，擅自获取、使用社交平台数据并为购买甲软件的用户在社交平台中开展商业营销、商业管理服务，侵害了 A、B 的数据权益并破坏了社交平台的安全。C、D 辩称，其获取的是平台原始数据而非衍生数据，不应由 A、B 独占数据资源，其有权对数据进行开发利用。

规则解析：利用外挂软件擅自收集、存储、使用社交平台软件中的数据，可能危及到使用社交平台软件用户的信息安全，损害社交平台长期积累运营所得的数据竞争权益，故可构成侵权。值得注意的是，即便一项技术仅在一定时间和范围内满足了部分网络用户的需求，却对其他市场主体、大多数网络用户以及竞争秩序和社会福利造成了不利影响，仍不能以其进行技术创新、符合消费者利益为由而豁免责任。

关联法律:《中华人民共和国反不正当竞争法》第12条规定:"经营者利用网络从事生产经营活动,应当遵守本法的各项规定。经营者不得利用技术手段,通过影响用户选择或者其他方式,实施下列妨碍、破坏其他经营者合法提供的网络产品或者服务正常运行的行为:(一)未经其他经营者同意,在其合法提供的网络产品或者服务中,插入链接、强制进行目标跳转;(二)误导、欺骗、强迫用户修改、关闭、卸载其他经营者合法提供的网络产品或者服务;(三)恶意对其他经营者合法提供的网络产品或者服务实施不兼容;(四)其他妨碍、破坏其他经营者合法提供的网络产品或者服务正常运行的行为。"

5.1.3 通过插件擅自改变网络游戏运行环境可构成侵权

【诉讼争议】:A公司、B公司诉C自然人不正当竞争纠纷案。A、B诉称,C通过微信、淘宝等渠道销售虚拟定位插件并通过该插件改变手机游戏操作环境、定位系统,从而使得游戏玩家通过该插件无须实际移动位置即可完成游戏任务、获得游戏奖励,故侵害了A、B的经营者利益。C辩称,其行为迎合了市场需求,不同意A、B的诉讼请求。

规则解析:以牟取非法利益为目的,利用游戏插件改变涉案网络游戏正常运行的生态环境,破坏了以地理位置为核心的游戏玩法,损害了游戏运营商通过增值服务提升盈利的实际利益和交易机会,致使使用插件的玩家较之于遵守游戏规则的玩家获得不合理的巨大竞技优势。故利用技术手段干扰网络产品或服务正常运行的行为,擅自改变经营者的产品和服务内容,造成经营者的实际和潜在损失,降低了游戏玩家的公平体验,破坏了互联网市场秩序,构成了侵权。

关联法律:《中华人民共和国反不正当竞争法》第12条规定:"经

营者利用网络从事生产经营活动,应当遵守本法的各项规定。经营者不得利用技术手段,通过影响用户选择或者其他方式,实施下列妨碍、破坏其他经营者合法提供的网络产品或者服务正常运行的行为:(一)未经其他经营者同意,在其合法提供的网络产品或者服务中,插入链接、强制进行目标跳转;(二)误导、欺骗、强迫用户修改、关闭、卸载其他经营者合法提供的网络产品或者服务;(三)恶意对其他经营者合法提供的网络产品或者服务实施不兼容;(四)其他妨碍、破坏其他经营者合法提供的网络产品或者服务正常运行的行为。"

5.1.4 通过技术手段屏蔽他人运营视频的广告并在视频播放中嵌入自身广告的行为可构成侵权

【诉讼争议】：A公司诉B公司不正当竞争纠纷案。A诉称,B突破视频网站设置的会员权限,通过开发运营软件甲向普通网络用户提供A运营网站的视频,屏蔽视频网站播放广告并嵌入B推介的广告,构成不正当竞争。B辩称,其在收到诉状后及时断开链接,屏蔽广告行为属于行业通用行为且由网络用户选择使用,不构成侵权。

规则解析:屏蔽视频广告是继"盗链""深度链接""聚合视频"等行为之后产生的新技术使用方式。其通过技术手段开发运营视频软件,使网络用户以无需支付会员费、无须观看广告的方式享受他人合法运营视频网站的会员内容和服务,并在链接视频后的播放缓冲过程中嵌入自己的新推荐广告而创造自身商业利益,这类行为非法链接他人合法运营视频网站的播放资源,分流了现实和潜在的网络用户资源以及会员资源,造成网络用户对视频网站服务内容和推荐广告的误解,以损人利己的方式获得商业利益,侵权人应当消除影响、赔偿损失。

关联法律:《中华人民共和国反不正当竞争法》第2条规定:"经

营者在生产经营活动中,应当遵循自愿、平等、公平、诚信的原则,遵守法律和商业道德。"第 12 条规定:"经营者利用网络从事生产经营活动,应当遵守本法的各项规定。经营者不得利用技术手段,通过影响用户选择或者其他方式,实施下列妨碍、破坏其他经营者合法提供的网络产品或者服务正常运行的行为:(一)未经其他经营者同意,在其合法提供的网络产品或者服务中,插入链接、强制进行目标跳转;(二)误导、欺骗、强迫用户修改、关闭、卸载其他经营者合法提供的网络产品或者服务;(三)恶意对其他经营者合法提供的网络产品或者服务实施不兼容;(四)其他妨碍、破坏其他经营者合法提供的网络产品或者服务正常运行的行为。"

5.2　直接通过误导、欺骗、强迫等方式影响网络用户行为的不正当竞争行为

5.2.1　平台经营者误导、欺骗网络消费者的规模化行为可侵犯平台提供者的竞争权益

【诉讼争议】:A 公司、B 公司诉 C 公司、D 公司不正当竞争纠纷案。A、B 诉称,C、D 系 A、B 经营大型社交平台上的注册经营者,两被告通过伪造贷款资质批量注册运营内容、界面相似的小程序或者社交账号,并且非法从事网络贷款信息中介活动;众多普通网络金融消费者投诉中介活动中存在欺诈甚至犯罪行为,C、D 破坏了大型社交平台的注册运营秩序、市场商誉并且降低了网络用户特别是金融消费者对大型社交平台的信赖,故构成不正当竞争关系。C、D 辩称,其与 A、B 之间是合同关系,不存在竞争关系,更没有侵害竞争权益,不同意诉讼请求。

　　规则解析:虽然平台提供者与平台经营者从事不同行业,开展不

同的业务,不具备直接竞争关系,但是平台经营者注册使用的平台是平台提供者极力维护的对象。平台经营者借助平台提供者的经营资源获取竞争优势,却通过非法手段损害平台及其规则维护的竞争机制和运行秩序,对消费者权益造成损害,明显属于不正当竞争行为。值得注意的是,大型网络平台通过设定经营模式依法构建的竞争机制和竞争秩序正在成为反不正当竞争法直接保护的对象,这一竞争机制和竞争秩序所覆盖的数据权益也必然被纳入竞争法保护领域。

关联法律:《中华人民共和国反不正当竞争法》第 6 条规定:"经营者不得实施下列混淆行为,引人误认为是他人商品或者与他人存在特定联系:(一)擅自使用与他人有一定影响的商品名称、包装、装潢等相同或者近似的标识;(二)擅自使用他人有一定影响的企业名称(包括简称、字号等)、社会组织名称(包括简称等)、姓名(包括笔名、艺名、译名等);(三)擅自使用他人有一定影响的域名主体部分、网站名称、网页等;(四)其他足以引人误认为是他人商品或者与他人存在特定联系的混淆行为。"第 8 条规定:"经营者不得对其商品的性能、功能、质量、销售状况、用户评价、曾获荣誉等作虚假或者引人误解的商业宣传,欺骗、误导消费者。"

5.2.2 经营者擅自将合法取得的视频账号分时租赁给他人侵害了竞争秩序

【诉讼争议】A 公司、B 公司、C 公司诉 D 公司不正当竞争纠纷案。A、B、C 诉称,三者共同运营大型在线视频媒体网站,其推出的VIP 会员服务是增加用户量、进行营利的重要方式,《VIP 会员服务协议》载明会员用户仅能用作私人观看,不能基于商业目的而提供给他人使用;D 在其官方网站以及其他注册平台中将大型视频网站的VIP 账号拆分,进行周期低价出租,网络付费者可以通过 D 提供的账号登录大型视频网站,享受 VIP 服务而无需向 A、B、C 付费,因此构成侵权。D 辩称,其从公开售号平台购入涉案账号,仅获得微薄的差价利润,不同意诉讼请求。

规则解析:视频媒体平台通过"付费 VIP 会员"模式获得商业利益,是一种正当合法的经营行为。VIP 会员账号既是网络视频公司的营利点,也是重要的流量入口,因此与 VIP 会员账号相关的商业利益是视频媒体平台的正当竞争利益。视频账号分时租赁的行为降低了视频媒体平台的用户黏性,减少了 VIP 会员账号所承载的流量利益、会员费收益以及其他衍生利益,破坏了正常的经营活动,损害了经营者的竞争利益。

关联法律:《中华人民共和国反不正当竞争法》第 2 条规定:"经营者在生产经营活动中,应当遵循自愿、平等、公平、诚信的原则,遵守法律和商业道德。"第 12 条规定:"经营者利用网络从事生产经营活动,应当遵守本法的各项规定。经营者不得利用技术手段,通过影响用户选择或者其他方式,实施下列妨碍、破坏其他经营者合法提供的网络产品或者服务正常运行的行为:(一)未经其他经营者同意,在其合法提供的网络产品或者服务中,插入链接、强制进行目标跳转;(二)误导、欺骗、强迫用户修改、关闭、卸载其他经营者合法提供的网络产品或者服务;(三)恶意对其他经营者合法提供的网络产品或者服务实施不兼容;(四)其他妨碍、破坏其他经营者合法提供的网络产品或者服务正常运行的行为。"

5.2.3　平台提供者恶意限制或者锁定跨平台商户的行为破坏了竞争秩序

【诉讼争议】:A 公司诉 B 公司不正当竞争纠纷案。A 诉称,其是手机软件甲的运营商,B 是手机软件乙的运营商,两款软件均在同一区域提供网络餐饮外卖服务；B的员工通过与商户洽谈独家战略合作业务的方式要求商户关闭在软件甲的业务并承诺给予优惠，在遭商户拒绝后B强制关闭了商户在手机软件乙上的业务，在商户投诉后才恢复上架，故B的行为构成了不正当竞争并应赔偿损失。B辩称，其与商户就"独家经营"进行磋商合作并未对其他经营者造成实际损害，不构成不正当竞争。

规则解析：同一区域内从事网络餐饮外卖服务的软件运营商在服务对象、产品功能、商业模式等方面具有同质性，相关经营商之间具有直接竞争关系。网络餐饮外卖服务平台的核心竞争力是入驻商户的数量和消费者的数量，入驻商家数量的下降会导致网络消费者数量、消费交易金额、平台收取服务费金额的下降。具有一定市场竞争力的电子商务平台经营者以排除限制竞争为目的与商户签订独家交易协议必然会造成其他平台的入驻商户数量、消费者数量等市场资源损失，减少入驻商家从多平台获取客户资源、商业交易、经营收入等机会，损害消费者从多渠道获得更优商品或者服务的福利，增加了其他平台、商家和消费者在市场交易中的综合成本。在实践中，平台排除限制竞争的方式有，要求平台经营者强制关店、对平台经营者进行惩罚、威胁降低平台经营者的流量排名、降低平台经营者的曝光率、回收优惠等。关于赔偿损失的计算，一般应当由主张侵权方承担；当主张侵权方不能举证证明其实际损失或者侵权方获利的，可综合考虑侵权行为的范围、侵权行为的情节、当事人的主观过错、维护权利的合理费用等因素进行酌定。

关联法律：《中华人民共和国反不正当竞争法》第2条规定："经营者在生产经营活动中，应当遵循自愿、平等、公平、诚信的原则，遵守法律和商业道德。"第12条规定："经营者利用网络从事生产经营活动，应当遵守本法的各项规定。经营者不得利用技术手段，通过影响用户选择或者其他方式,实施下列妨碍、破坏其他经营者合法提供的网络产品或者服务正常运行的行为:(一)未经其他经营者同意,在其合法提供的网络产品或者服务中,插入链接、强制进行目标跳转;(二)误导、欺骗、强迫用户修改、关闭、卸载其他经营者合法提供的网络产品或者服务;(三)恶意对其他经营者合法提供的网络产品或者服务实施不兼容;(四)其他妨碍、破坏其他经营者合法提供的网络产品或者服务正常运行的行为。"

5.3　经营者非法获取、干扰、开发、使用他人数据资源的不正当竞争行为

5.3.1　通过技术手段获取非公开数据可构成侵权

【诉讼争议】:A 公司诉 B 公司不正当竞争纠纷案。A 诉称,B 通过其运营的网页鹰击系统和手机鹰击应用获取、存储、展示 A 运营网络平台的非公开和公开数据,通过加工分析数据产品形成分析报告并有偿提供给用户使用,上述行为构成不正当竞争。B 辩称,双方当事人之间不存在竞争关系,不同意 A 的诉讼请求。

　　规则解析:数据资源的获取和利用是现代企业的重要权益,也是现代经济有效配置资源的重要方式。在互联网领域,判断互联网企业之间存在竞争关系的标准之一是各个主体之间是否直接影响相同市场的交易机会。公开数据和非公开数据是互联网数据的重要分类方式,一般情况下通过登录规则或者其他设施设置访问权限的数据属于非公开数据,利用技术手段破坏或者绕开访问权限而获取非公开数据的方式可能泄露用户个人信息,侵害企业数据权益,进而构成不正当竞争。而判断抓取公开数据行为是否具有正当性的标准之一是抓取数据的途径和手段是否合理合法。

关联法律:《中华人民共和国反不正当竞争法》第 12 条规定:"经营者利用网络从事生产经营活动,应当遵守本法的各项规定。经营者不得利用技术手段,通过影响用户选择或者其他方式,实施下列妨碍、破坏其他经营者合法提供的网络产品或者服务正常运行的行为:(一)未经其他经营者同意,在其合法提供的网络产品或者服务中,插入链接、强制进行目标跳转;(二)误导、欺骗、强迫用户修改、关闭、卸载其他经营者合法提供的网络产品或者服务;(三)恶意对其他经营者合法提供的网络产品或者服务实施不兼容;(四)其他妨碍、破坏其他经营者合法提供的网络产品或者服务正常运行的行为。"

5.3.2　通过技术手段获取公开数据可构成侵权

【诉讼争议】:A 公司诉 B 公司不正当竞争纠纷案。A 诉称,B 擅自抓取 A 运营网络平台上影视类明星注册用户公开发布的留言、图片等动态信息并进行推送和展示,网络用户无需登录 A 运营网络平台即可全面查看明星动态信息,B 行为对 A 的网络服务构成了实质性替代并且其抓取数据、展示使用信息的行为影响仍在持续扩大。B 辩称,其抓取的是已经公开的数据,不同意 A 的诉讼请求。

案件要点:通过技术手段获取公开数据的侵权认定标准如何确定

规则解析:为了促进互联网互联互通、降低信息壁垒、促进资源优化的目的,网络经营者应当在一定程度上容忍他人运用个人浏览、网络爬虫等手段合法收集或者利用其已经公开的数据。但同时,网络经营者为收集、整理、开发、运行公开数据付出了成本,数据应用为经营者带来了现实和衍生利益,经营者合法权益当然应受到法律的有效保护。判断抓取公开数据合法性的因素可以包括用户协议约定、平台对数据的投入、抓取数据的规模和价值、使用数据造成的竞争性影响、爬虫协议约束的技术内容等。当侵权人大规模抓取了公开数据、使用公开数据的行为破坏了合法经营者的数据展示规则、实质性替代了合法经营者的服务内容并分割了相关市场,则其行为不具有正当性和合法性的基础。

关联法律:《中华人民共和国反不正当竞争法》第 12 条规定:"经营者利用网络从事生产经营活动,应当遵守本法的各项规定。经营者不得利用技术手段,通过影响用户选择或者其他方式,实施下列妨碍、破坏其他经营者合法提供的网络产品或者服务正常运行的行为:(一)未经其他经营者同意,在其合法提供的网络产品或者服务中,插入链接、强制进行目标跳转;(二)误导、欺骗、强迫用户修改、关闭、卸载其他经营者合法提供的网络产品或者服务;(三)恶意对其他经营者合法提供的网络产品或者服务实施不兼容;(四)其他妨碍、破坏其他经营者合法提供的网络产品或者服务正常运行的行为。"

5.3.3　通过插件截取网络经营者的用户流量并损害商业利益的行为构成侵权

【诉讼争议】:A 公司诉 B 公司不正当竞争纠纷案。A 诉称,B 通过设置浏览器插件篡改用户使用 A 运营网站时的页面设置,通过插入比价窗口以更低的价格诱导网络用户跳转至 B 运营的网站页面,同时 B 擅自读取网络用户从 A 运营网站下载的信息并存储到自身数据库,故应停止不正当竞争行为并赔偿损失。B 不同意 A 的诉讼请求。

【诉讼争议】:C 公司诉 D 公司不正当竞争纠纷案。C 诉称,在使用 D 运营浏览器访问 C 运营网站时,浏览器扩展了搜索功能,设置了"设置推荐词"一栏并在用户搜索后跳转至搜索网页,不正当截取了用户流量。D 不同意 C 的诉讼请求。

规则解析:互联网流量的核心是网络用户的时间资源以及由此

延伸的经济资源。恶意利用他人通过长期经营积累的数据资源和市场成果，不正当地快速谋取商业机会和竞争优势，妨碍、破坏合法经营的商业模式和经营活动，构成不正当竞争。但是，在软件中扩展技术服务功能的同时，不妨碍、破坏其他网站或者软件运行，也不明显降低网络用户的体验，则不构成不正当竞争。

关联法律：《中华人民共和国反不正当竞争法》第 2 条规定："经营者在生产经营活动中，应当遵循自愿、平等、公平、诚信的原则，遵守法律和商业道德。"第 12 条规定："经营者利用网络从事生产经营活动，应当遵守本法的各项规定。经营者不得利用技术手段，通过影响用户选择或者其他方式，实施下列妨碍、破坏其他经营者合法提供的网络产品或者服务正常运行的行为：（一）未经其他经营者同意，在其合法提供的网络产品或者服务中，插入链接、强制进行目标跳转；（二）误导、欺骗、强迫用户修改、关闭、卸载其他经营者合法提供的网络产品或者服务；（三）恶意对其他经营者合法提供的网络产品或者服务实施不兼容；（四）其他妨碍、破坏其他经营者合法提供的网络产品或者服务正常运行的行为。"

5.3.4 通过技术手段增加经营网站或者其特定内容流量的行为损害公平竞争秩序

【诉讼争议】：A 公司诉 B 公司不正当竞争纠纷案。A 诉称，其视频网站的播放数据由内部计算机系统实时统计，具体包括访问次数、访问者 IP 地址、访问时长等内容，并且依据以上数据作出向著作权人支付许可使用费、确定视频采购和广告合作、优化服务器布局等经营决策与合作策略，而 B 通过多个域名、不断更换访问 IP 地址等方式提供的播放数据刷量服务，在短时间内迅速提高视频访问量，损害了视频行业的竞争秩序，故应停止侵权行为。B 辩称，其与 A 的业务不存在竞争关系,刷量行为可以增加视频网站的浏览量、知名度以及广告费并且不为法律所禁止,对 A 产生的是良性影响。

规则解析:视频播放媒体平台根据网络用户实际使用情况收集的访问数据以及获取的相关商业利益受法律保护。通过技术手段增加无效点击量的行为可导致平台基于虚假的访问数据付出不应承担的许可使用费,无法作出准确的经营活动决策,也可导致消费者产生不良用户体验,转而选择其他服务提供商。网络视频播放行业的刷量行为破坏了数据的真实性、完整性,对视频播放媒体平台经营决策、服务品质、利润分配、竞争优势、商业信誉造成不利影响,甚至破坏了竞争秩序和行业风气。

关联法律:《中华人民共和国反不正当竞争法》第 2 条规定:"经营者在生产经营活动中,应当遵循自愿、平等、公平、诚信的原则,遵守法律和商业道德。"第 8 条规定:"经营者不得对其商品的性能、功能、质量、销售状况、用户评价、曾获荣誉等作虚假或者引人误解的商业宣传,欺骗、误导消费者。经营者不得通过组织虚假交易等方式,帮助其他经营者进行虚假或者引人误解的商业宣传。"第 12 条规定:"经营者利用网络从事生产经营活动,应当遵守本法的各项规定。经营者不得利用技术手段,通过影响用户选择或者其他方式,实施下列妨碍、破坏其他经营者合法提供的网络产品或者服务正常运行的行为:(一)未经其他经营者同意,在其合法提供的网络产品或者服务中,插入链接、强制进行目标跳转;(二)误导、欺骗、强迫用户修改、关闭、卸载其他经营者合法提供的网络产品或者服务;(三)恶意对其他经营者合法提供的网络产品或者服务实施不兼容;(四)其他妨碍、破坏其他经营者合法提供的网络产品或者服务正常运行的行为。"

5.3.5 搜索抓取他人经营数据并超过必要限度加以使用 可构成侵权

【诉讼争议】:A 公司诉 B 公司不正当竞争纠纷案。A 诉称,B 通过搜索技术大量抓取 A 运营软件上的用户交易评价信息并在 B 运营软件上进行商业化展示和使用,消费者在 B 运营软件中阅读用户交易评价信息后可无须再转至 A 运营软件阅看更多的信息,构成不正当竞争。B 不同意 A 的诉讼请求。

规则解析:爬虫等技术的中立性并不代表技术应用的中立性。数据信息是互联网市场的核心竞争资源,能带来市场竞争优势。网络运营主体通过搜索引擎抓取他人运营网站数据信息的方式可能并不违反爬虫协议,但是未经许可大量完整使用他人运营网站数据信息并达到实质替代程度,截取了他人部分商业交易机会,夺取了他人现有和潜在的商业客户,损害了他人商业利益,明显具有"搭便车"和不劳而获的特点,构成侵权行为。网络经营者应当遵循诚实信用原则和商业道德,合理控制使用他人运营网站数据信息的范围和方式。

关联法律:《中华人民共和国反不正当竞争法》第 2 条规定:"经营者在生产经营活动中,应当遵循自愿、平等、公平、诚信的原则,遵守法律和商业道德。"

第6章　数字经济反垄断规则的创新生成

近十年来,我国数字经济规模不断扩大。在资本无序扩张的背景下,数字经济在某些领域野蛮生长,数字经济特别是平台经济的反垄断治理逐渐成为保障经济社会高质量发展的重大问题。其中,2021年被称为"反垄断大年"和"平台经济反垄断元年"。

平台经济是以互联网平台为主要媒介,以数据为主要生产要素,以新一代信息技术为核心驱动力,以网络信息基础设施为重要支撑的新型经济形态。以北京为例,互联网平台企业多,覆盖领域广,交易体量大,法院受理大量涉京东、爱奇异、淘宝、哔哩哔哩、知乎、抖音、微博、饿了么、美团等互联网平台主体纠纷,争议内容关联到网络购物、网络服务、社交媒体等新领域和网络直播带货、超前点播、"AI陪伴"等新模式。通过观察可以发现,反垄断诉讼主要针对腾讯、美团、支付宝、百度等互联网产业巨头,具体的审判活动存在不少难点问题,主要表现在以下几方面。

第一,平台企业的技术创新对违法垄断的事实认定带来挑战。当前,平台通过操作系统、算法等方式形成了对数字必要设施的强大控制力,许多技术革新天然地与垄断结构或者行为密切关联。在这一背景下容易出现企业之间通过人工智能算法进行共谋或者协同行动、利用计算机运算逻辑规避垄断协议认定中的意思联络要件等问题，由此造成对平台企业垄断协议的认定困难。

第二，平台生态运营规则对违法垄断的法律援引带来挑战。一般情况下，平台企业通过设立或者变更运营规则缔造生态环境是其行使自主经营权、进行商业竞争的必要方式，但其市场运营规则本身是否违反商业道德、违反竞争政策在客观上无法进行全面及时审查，平台企业的运营规则往往被默示为行业标准甚至法律参考标准。有的平台企业通过各种形式的封禁行为和自我优待行为设定双重或者多重运营标准，破坏了数字平台生态系统的公平性，对司法判断和法律适用造成影响。

第三，平台商业模式对违法垄断的认定方法带来挑战。传统违法垄断的认定标准和方法不能完全适应数字经济形态发展。数字互联网条件下，商品、技术、客户等信息资源高速运转，平台作为数字经济发展中的重要主体创造许多新的商业模式。多变的商业模式导致相关市场份额始终动态变化，大型数字平台企业的市场支配地位较之于传统市场主体难以确定，由此造成滥用市场支配地位的违法责任难以认定。此外，当前数据资源领域的市场竞争愈发激烈，平台企业之间的利益竞争已突破经营领域，严重影响到社会公众利益和个人合法权益，如何维护平台用户权利，提升社会福祉成为司法保障数字经济持续健康发展的重要维度，但是在个案裁判中如何实现上述目的还需进一步研究。

第四，平台经济的专业性和复杂性给法官的知识结构和能力水平带来挑战。在数字经济领域，一个新的裁判可能会订立一个产业或者行业的运营规则，并对经营者的决策和运营行为产生重要影响。如何在司法活动中通过激励与约束两种方式协调推进互联网经济新发展，如何在促进规模效应、鼓励技术创新与反对非法垄断之间的达成平衡，如何保护平台企业的经营权并否定其不合法不合理的平台生态运营规则,这些问题对法官的个案审判工作带来巨大挑战。在当前条件下,大部分法官的个人知识和能力无法应对反垄断司法工作,对经济政策的理解和执行存在知识和能力层面的不足。

第五,竞争政策与法律之间制度衔接不及时对反垄断司法带来一定影响。按照最高人民法院关于民事案件案由的规定,垄断纠纷包括垄断协议纠纷、滥用市场支配地位纠纷、经营和集中纠纷三个三级案由。该案由规定与《国务院反垄断委员会关于平台经济领域的反垄断指南》存在一定差异。例如,垄断协议纠纷三级案由下只覆盖一般横向和纵向垄断协议,未明确轴辐协议,即对于具有竞争关系的平台内经营者通过借助与平台经营者之间的纵向关系或者由平台经营者组织、协调达成具有横向垄断协议效果的轴辐协议缺少规定。此外,反垄断诉讼能否依据《国务院反垄断委员会关于平台经济领域的反垄断指南》中认可的必需设施理论并以构成必需设施为前提认定拒绝交易行为,有待进一步研究。

第六,垄断纠纷的举证责任分配较为复杂。在当前的审判实践中,法院受理的垄断纠纷类型主要是滥用市场支配地位纠纷三级案由案件。如何在滥用市场支配地位纠纷案件中进行举证责任分配,适当降低受害人的举证责任是司法实务中的难点问题。一般情况下,可以先由受害人证明被诉垄断行为人直接排除、限制竞争行为或者证明被诉垄断行为人拥有足够的控制力来做出损害竞争的行为并从中获利,具体表现有价格上涨、产量减少、质量降低、成本提高、市场秩序混乱等;其次,由被诉垄断行为人证明其行为有法律、合同依据以及有利于维护竞争秩序和消费者权益;最后,由受害人证明被诉垄断行为人的竞争利益可以通过更弱的排除、限制竞争手段实现。由此,法官通过当事人交替举证质证认定相关事实,但是整体庭审过程较为繁杂。

第七，数字经济反垄断与个人信息保护问题相互交叉。除被当作商品或者服务直接销售外，个人信息还可被经营者当作大数据杀熟和价格歧视的工具，限制用户转移信息和排挤竞争对手的工具等，例如谷歌收购网络广告公司双击(DoubleClick)案表明数据和隐私保护与市场竞争权益保护的交集不断扩大，个人信息保护逐渐被纳入竞争法领域。关于反垄断司法中能否审查企业违反个人信息保护法并将此作为参考因素是当前实务难点问题，目前没有明确统一的裁判标准。同时，考虑到《国务院反垄断委员会关于平台经济领域的反垄断指南》第16条关于搭售或者附加不合理交易条件的规定已经涵盖了通过强制收集非必要用户信息等方式滥用市场支配地位并排除、限制市场竞争的情形，因此在司法认定中可以将被诉垄断经营者违反个人信息保护法的行为纳入认定滥用市场支配地位的考量范围；认定违反个人信息保护法的关键标准之一即是否经用户同意，鉴于用户在数据采集、处理、使用中的实际弱势地位，法官应从严把握用户同意标准，充分保护用户权益。

6.1　在数字经济中相关市场的认定标准与方法

数字经济领域的相关市场认定是一个难点问题。互联网平台经济具有交叉网络外部性、双边或多边市场价格结构的非对称性、消费者用户锁定效应、业务类型复杂多变、不同市场界限愈发模糊、新技术改变市场边界等不同于传统经济形态的特点，这给相关市场的划分标准和方法带来了挑战。界定平台经济领域相关商品市场和相关地域市场需要遵循《中华人民共和国反垄断法》和《国务院反垄断委员会关于相关市场界定的指南》所确定的一般原则，同时考虑平台经济的特点，结合个案进行具体分析。《国务院反垄断委员会关于平台经济领域的反垄断指南》第4条就相关市场进行了界定。具体而言：第一，相关商品市场。平台经济领域相关商品市场界定的基本方法是替代性分析。在个案中界定相关商品市场时，可以基于平台功能、商业模式、应用场景、用户群体、多边市场、线下交易等因素进行需求替代分析；当供给替代对经营者行为产生的竞争约束类似于需求替代时，可以基于市场进入、技术壁垒、网络效应、锁定效应、转移成本、跨界竞争等因素考虑供给替代分析。具体而言，可以根据平台一边的商品界定相关商品市场，也可以根据平台所涉及的多边商品，分别界定多个相关商品市场，并考虑各相关商品市场之间的相互关系和影响。当该平台存在的跨平台网络效应能够给平台经营者施加足够的竞争约束时，可以根据该平台整体界定相关商品市场。第二，相关地域市场。平台经济领域相关地域市场界定同样采用需求替代和供给替代分析。在个案中界定相关地域市场时，可以综合评估考虑多数用户选择商品的实际区域、用户的语言偏好和消费习惯、相关法律法规的规定、不同区域竞争约束程度、线上线下融合等因素。根据平台特点，相关地域市场通常界定为中国市场或者特定区域市场，根据个案情况也可以界定为全球市场。第三，坚持个案分析原则。不同类型垄断案件对于相关市场界定的实际需求不同，因此对相关市场的司法认定要基于个案分析原则。

6.1.1　可基于互联网平台中具体产品服务的核心功能和需求类型界定一个相关市场

【诉讼争议】：A公司诉B公司滥用市场支配地位纠纷案。A诉称，B开发运营的软件甲是大型即时通信和社交平台，A在软件甲上开办了26个认证公众号并依托认证公众号开展信息发布咨询、自媒体推广宣传、产品服务代理销售等商业活动，通过公众号推送信息内的"阅读原文"等功能实现了公众号与 A 自办、自营互联网平台及其软件、视频、文案的交互访问;而 B 利用其在即时通信和社交平台服务市场的优势封禁了 A 开办的 26 个认证公众号,已构成滥用市场支配地位。B 辩称,A 在 26 个认证公众号中发布大量涉及推广、介绍其自行开发并接入软件甲系统的外挂软件信息和链接,该行为违反了软件甲的平台运营规则,因此 B 对 A 的违规行为进行必要管理并无不当,亦不构成滥用市场支配地位。

规则解析:合理界定相关市场对于识别竞争者和潜在竞争者,判定经营者市场份额,认定经营者是否具有市场支配地位,分析经营者对市场竞争的影响,判断经营者是否构成垄断等问题具有重要作用。考虑到互联网平台具有基础聚合性特征以及可整合不同类型增值服务的功能,互联网平台的用户总量与平台内个体模块或者单个应用所能获得的市场力量不具有必然联系,互联网用户在同时使用多个平台和应用时可产生大量市场重叠,实践中法院对相关市场的界定不能仅依据互联网平台的实际或者潜在基础用户量进行判断,而应当重点审查争议行为指向的产品服务的特征、功能、可替代性以及市场需求侧状况、实际竞争损害情况。即在对互联网平台滥用市场支配地位进行判断时,无需认定被诉垄断经营者在平台各个相关市场中均拥有市场支配地位,仅需证明被诉垄断经营者在涉案服务或商品的相关市场领域具有市场支配地位。具体来说,在即时通信和社交平台领域,平台基础服务与增值服务可以构成相互独立的运营模式和内容,也可以形成或者影响不同的市场,在垄断诉讼案件中首先确定案件涉及的实际运营和竞争模块是公众号服务而不是其开发运营的软件整体,其次确定案件涉及的竞争争议领域是在线推广宣传服务市场而非所有公众号服务市场,并不以互联网平台用户数据确定经营者市场份额以及市场支配地位。

关联法律:《中华人民共和国反垄断法》第 22 条规定:"禁止具有市场支配地位的经营者从事下列滥用市场支配地位的行为:(一)以不公平的高价销售商品或者以不公平的低价购买商品;(二)没有正当理由,以低于成本的价格销售商品;(三)没有正当理由,拒绝与交易相对人进行交易;(四)没有正当理由,限定交易相对人只能与其进行交易或者只能与其指定的经营者进行交易;(五)没有正当理由搭售商品,或者在交易时附加其他不合理的交易条件;(六)没有正当理由,对条件相同的交易相对人在交易价格等交易条件上实行差别待遇;(七)国务院反垄断执法机构认定的其他滥用市场支配地位的行为。具有市场支配地位的经营者不得利用数据和算法、技术以及平台规则等从事前款规定的滥用市场支配地位的行为。本法所称市场支配地位,是指经营者在相关市场内具有能够控制商品价格、数量或者其他交易条件,或者能够阻碍、影响其他经营者进入相关市场能力的市场地位。"第 23 条规定:"认定经营者具有市场支配地位,应当依据下列因素:(一)该经营者在相关市场的市场份额,以及相关市场的竞争状况;(二)该经营者控制销售市场或者原材料采购市场的能力;(三)该经营者的财力和技术条件;(四)其他经营者对该经营者在交易上的依赖程度;(五)其他经营者进入相关市场的难易程度;(六)与认定该经营者市场支配地位有关的其他因素。"

6.1.2　通常情况下不可将单个应用软件界定为一个相关市场

【诉讼争议】:A 自然人、B 公司诉 C 公司滥用市场支配地位纠纷案。A 诉称,C 公司是网络游戏甲的著作权人,该游戏拥有 2 亿注册玩家,历史最高同时在线人数达到 270 余万人,A 是该游戏玩家;C 在游戏拆封协议中以格式条款约定"未经 C 同意,用户不得公开展示和播放游戏产品的全部或者部分内容",该协议限制了 A 直播游戏的自由，依据反垄断法和合同法规定应视为无效。B诉称，其是直播平台的经营者，C限制用户玩家只能在特定平台软件甲上直播涉案游戏，这种将游戏与直播平台甲捆绑安装的经营方式已构成滥用市场支配地位。C辩称，其对游戏运行呈现画面所形成的以类似摄制电影方法创制的作品享有著作权；为了维护自身的知识产权、满足部分玩家直播游戏的需要而采取了相关合同约定和经营方式，用户可自主选择卸载软件甲，因此不构成滥用市场支配地位。

规则解析：尽管游戏连续画面是玩家用户参与互动的呈现结果，但整体游戏画面可构成类电影作品，游戏直播的价值和功能在相当程度上仍来源于游戏著作权人的创造性劳动。网络游戏的著作权人依法享有禁止他人未经许可直播该游戏画面的权利，游戏拆封协议中与个人用户的约定内容不属于滥用知识产权排除限制竞争的行为。关于单个游戏是否构成相关市场，可以从需求替代分析、供给替代分析和关于假定垄断者测试三种方法进行界定，其中需求替代分析主要分析平台功能、商业模式、应用场景、用户群体、多边市场、线下交易、基准产品以及特征、获得服务途径以及目的等因素，供给替代分析主要分析市场进入、技术壁垒、网络效应、锁定效应、转移成本、跨界竞争等因素，假定垄断者测试主要分析目标商品服务价格、质量变化对其他商品服务带来的影响因素。如果单个游戏可能对玩家用户构成较强的锁定效应，但其与其他游戏一样属于精神消费产品，与其他收费制游戏无明显收费方式差异，不足以排除其他网络游戏，则无法构成一个特定的相关市场。当前，虽然我国网络游戏服务市场足以形成相关市场，但是单个游戏在其中难以具备市场支配地位。捆绑直播平台的游戏安装方式满足了部分玩家用户的需求，保障了玩家用户的选择权和删除权，并未造成排除或者限制竞争的结果。

关联法律:《中华人民共和国反垄断法》第 23 条规定"认定经营者具有市场支配地位,应当依据下列因素:(一)该经营者在相关市场的市场份额,以及相关市场的竞争状况;(二)该经营者控制销售市场或者原材料采购市场的能力;(三)该经营者的财力和技术条件;(四)其他经营者对该经营者在交易上的依赖程度;(五)其他经营者进入相关市场的难易程度;(六)与认定该经营者市场支配地位有关的其他因素。"第 24 条规定"有下列情形之一的,可以推定经营者具有市场支配地位:(一)一个经营者在相关市场的市场份额达到二分之一的;(二)两个经营者在相关市场的市场份额合计达到三分之二的;(三)三个经营者在相关市场的市场份额合计达到四分之三的。有前款第二项、第三项规定的情形,其中有的经营者市场份额不足十分之一的,不应当推定该经营者具有市场支配地位。被推定具有市场支配地位的经营者,有证据证明不具有市场支配地位的,不应当认定其具有市场支配地位。"

6.2　在数字经济中经营者占有市场支配地位的认定标准与方法

6.2.1　对经营者占有市场支配地位的认定应综合考虑市场准入、市场份额、经营地位、经营规模等各个要素

【诉讼争议】:A 自然人诉 B 公司捆绑交易纠纷案。A 诉称,B 是经某省政府批准,在该省境内唯一经营有线电视传输业务的经营者和唯一电视节目集中播控者;B 按照每月 30 元的标准向 A 收取数字电视基本收视维护费和节目费,并且其客户服务中心表示最低套餐基本收视费为每年 360 元,每次最少缴纳 3 个月费用;A 之后了解到数字电视节目应由用户自由选择、自愿订购;B 属于公用企业,在数字电视市场内具有支配地位,其收取数字电视节目费的行为剥夺了

用户的自主选择权,构成了搭售,B收取数字电视付费节目费的行为无效并应返还相关费用。B辩称,案件应当依据消费者权益保护法进行处理,不涉及适用垄断法的问题,不同意A的诉讼请求。

规则解析:作为特定区域内唯一合法经营有线电视传输业务的经营者及电视节目集中播控者,在市场准入、市场份额、经营地位、经营规模等各方面均具有优势,则可以认定该经营者于有线电视传输市场中具有市场支配地位。数字电视基本收视维护费和数字电视付费节目费属于两项单独的服务。经营者利用市场支配地位,将数字电视基本收视维护费和数字电视付费节目捆绑在一起向消费者收取,未向用户告知可以单独选购数字电视基本收视服务的服务项目,亦未有证据证明用户可仅缴纳电视基本收视维护费或者数字电视付费节目费的方式,这种行为侵害了消费者的消费选择权,不利于其他服务提供者进入数字电视服务市场,对市场竞争具有不利的效果。

关联法律:《中华人民共和国反垄断法》第22条规定:"禁止具有市场支配地位的经营者从事下列滥用市场支配地位的行为:(一)以不公平的高价销售商品或者以不公平的低价购买商品;(二)没有正当理由,以低于成本的价格销售商品;(三)没有正当理由,拒绝与交易相对人进行交易;(四)没有正当理由,限定交易相对人只能与其进行交易或者只能与其指定的经营者进行交易;(五)没有正当理由搭售商品,或者在交易时附加其他不合理的交易条件;(六)没有正当理由,对条件相同的交易相对人在交易价格等交易条件上实行差别待遇;(七)国务院反垄断执法机构认定的其他滥用市场支配地位的行为。具有市场支配地位的经营者不得利用数据和算法、技术以及平台规则等从事前款规定的滥用市场支配地位的行为。本法所称市场支配地位,是指经营者在相关市场内具有能够控制商品价格、数量或者其他交易条件,或者能够阻碍、影响其他经营者进入相关市场能力的市场地位。"第 23 条规定:"认定经营者具有市场支配地位,应当依据下列因素:(一)该经营者在相关市场的市场份额,以及相关市场的竞争状况;(二)该经营者控制销售市场或者原材料采购市场的能力;(三)该经营者的财力和技术条件;(四)其他经营者对该经营者在交易上的依赖程度;(五)其他经营者进入相关市场的难易程度;(六)与认定该经营者市场支配地位有关的其他因素。"

6.2.2　经营者的年度总营收额及占比不能作为其在相关市场形成支配地位的唯一认定指标

【诉讼争议】:A 自然人诉 B 公司滥用市场支配地位纠纷案。A 诉称,B 是大型搜索平台企业,其全年营收约占搜索引擎企业年度总营收的 80%;在网络用户使用搜索引擎下载软件时,B 将"安装其旗下杀毒软件"设置为默认勾选框并捆绑、强制安装在网络用户电脑中,侵犯了网络用户的知情权、选择权;由于软件下载过程占用电脑的大量内存、硬盘空间,导致 A 对电脑进行维修、重装系统以及大量存储文件数据丢失,因此 B 的行为构成了滥用市场支配地位。B 辩称,不同意 A 的诉讼请求。

规则解析:市场份额可以商品交易额、用户数量、用户使用时长、活跃用户人数、流量等作为计算基准,但是市场份额不是判定经营者是否具有市场支配地位的唯一可靠指标。在我国互联网经营领域竞争充分、经营者众多、技术发展迅速的情况下,一个企业的高市场份额可能与整体市场进入壁垒较低,该企业具有更高的经营效率,其他经营者具有较强竞争约束力等市场状态并存,不应仅根据企业年度总营收及份额推定市场支配地位,而应当更多地考虑经营者控制销售市场或者原材料采购市场的能力、经营者的财力和技术条件、其他经营者对该经营者在交易上的依赖程度、其他经营者进入相关市场的难易程度等实际状况。当经营者不具备明显市场控制力且市场份额容易受其他经营者的影响时，则不能轻易判定经营者在相关市场中具有支配地位。鉴于安装自营软件方式包含了可选择框且网络用户可自主卸载该软件，经营者并未侵害网络用户的知情权和选择权。

关联法律：《中华人民共和国反垄断法》第 23 条规定："认定经营者具有市场支配地位，应当依据下列因素：（一）该经营者在相关市场的市场份额，以及相关市场的竞争状况；（二）该经营者控制销售市场或者原材料采购市场的能力；（三）该经营者的财力和技术条件；（四）其他经营者对该经营者在交易上的依赖程度；（五）其他经营者进入相关市场的难易程度；（六）与认定该经营者市场支配地位有关的其他因素。"第 24 条规定："有下列情形之一的，可以推定经营者具有市场支配地位：（一）一个经营者在相关市场的市场份额达到二分之一的；（二）两个经营者在相关市场的市场份额合计达到三分之二的；（三）三个经营者在相关市场的市场份额合计达到四分之三的。有前款第二项、第三项规定的情形，其中有的经营者市场份额不足十分之一的，不应当推定该经营者具有市场支配地位。被推定具有市场支配地位的经营者，有证据证明不具有市场支配地位的，不应当认定其具有市场支配地位。"

6.2.3 多个经营者形成共同市场支配地位的认定可考虑经营者的一致性行为

【诉讼争议】：A 自然人诉 B 公司滥用市场支配地位纠纷案。A 诉称，B 是某省三大移动通信服务商之一，具有市场支配地位，A 使用 B 提供的"特需号码"移动通信服务，但 B 在过户、停机保号、携号转网等业务上对用户采取区别对待，限定特需号码用户只能与其进行交易，故 B 的行为违反了法律关于禁止经营者从事限定交易和差别待遇的规定。B辩称,其不具有市场支配地位,B与A签订《客户服务协议》并于《"特需号码"客户协议》中约定"A承诺不申请办理停机保号、过户和转网;如A不再使用特需号码可申请办理注销,B同时返还话费中尚未使用的剩余金额"等内容,该市其他两个移动通信服务商对特需号码采取同样的转网规定,故B不同意A的诉讼请求。

规则解析:考虑到号码分配、资费管理等因素均与特定城市相关联,并且特需协议是基于一般客户协议基础而签订,相关市场可以界定为该城市的移动通信服务市场。如果相关市场内多个经营者就同类业务分别采取不同行为,一般情况下是经营者之间开展市场竞争的正常表现。如果相关市场内多个经营者就同类业务均采取相同行为并体现出行为一致性,则须考虑共同市场支配地位的必要性和可能性。经营者行为一致性是除市场份额等因素以外判定多个经营者形成共同市场支配地位的关键要件。多个经营者采用"相同的格式条款"可以作为经营者行为一致性的认定因素,结合相关市场内存在三大移动通信服务商等证据,可以对相关市场内的市场支配地位予以认定。用户与移动通信服务商自愿达成服务协议,关于停机保号、过户和转网的约定并不违反法律规定,故并不存在滥用市场支配地位的行为。

关联法律:《中华人民共和国反垄断法》第22条规定:"禁止具有市场支配地位的经营者从事下列滥用市场支配地位的行为:(一)以不公平的高价销售商品或者以不公平的低价购买商品;(二)没有正当理由,以低于成本的价格销售商品;(三)没有正当理由,拒绝与交易相对人进行交易;(四)没有正当理由,限定交易相对人只能与其进行交易或者只能与其指定的经营者进行交易;(五)没有正当理由搭售商品,或者在交易时附加其他不合理的交易条件;(六)没有正当理由，对条件相同的交易相对人在交易价格等交易条件上实行差别待遇；(七)国务院反垄断执法机构认定的其他滥用市场支配地位的行为。具有市场支配地位的经营者不得利用数据和算法、技术以及平台规则等从事前款规定的滥用市场支配地位的行为。本法所称市场支配地位，是指经营者在相关市场内具有能够控制商品价格、数量或者其他交易条件，或者能够阻碍、影响其他经营者进入相关市场能力的市场地位。"第 23 条规定："认定经营者具有市场支配地位，应当依据下列因素：(一)该经营者在相关市场的市场份额，以及相关市场的竞争状况；(二)该经营者控制销售市场或者原材料采购市场的能力；(三)该经营者的财力和技术条件；(四)其他经营者对该经营者在交易上的依赖程度；(五)其他经营者进入相关市场的难易程度；(六)与认定该经营者市场支配地位有关的其他因素。"第 24 条规定："有下列情形之一的，可以推定经营者具有市场支配地位：(一)一个经营者在相关市场的市场份额达到二分之一的；(二)两个经营者在相关市场的市场份额合计达到三分之二的；(三)三个经营者在相关市场的市场份额合计达到四分之三的。有前款第二项、第三项规定的情形，其中有的经营者市场份额不足十分之一的，不应当推定该经营者具有市场支配地位。被推定具有市场支配地位的经营者，有证据证明不具有市场支配地位的，不应当认定其具有市场支配地位。"

6.3　在数字经济中经营者滥用市场支配地位的认定标准与方法

6.3.1　在数字经济中滥用市场支配地位的关键判断标准即是否存在法律规定的排除或者限制竞争行为

【诉讼争议】：A 公司诉 B 公司滥用市场支配地位纠纷案。A 诉称，B 在即时通信软件及服务相关市场具有市场支配地位，明示禁止使用其开发运营甲软件的网络用户使用 A 开发运营的乙软件,拒绝向使用乙软件的网络用户提供相关的服务并强制相关网络用户删除乙软件,通过技术手段阻止使用乙软件的网络用户访问甲软件,捆绑销售与乙软件相竞争的自营性安全软件,故 B 的行为构成滥用市场支配地位并应当赔偿损失。B 辩称,其在即时通信服务市场内不具有市场支配地位,未产生排除或者限制竞争的效果,不存在滥用市场支配地位的行为。

规则解析:界定相关市场是评估经营者市场力量和被诉垄断行为对竞争影响的重要方法之一,而非唯一路径。鉴于免费互联网即时通信服务导致网络用户拥有较高价格敏感度的特点,相关市场的界定应当采用质量下降而非价格上涨的假定垄断者测试方法并充分考虑法律规定、用户地域、竞争者状态等综合情况。具体来说,经济模型分析中,在基准价格为零的情况下,如果按照一定比例提升价格,增长后的价格仍然为零;如果将价格从零提升到一个较小的正价格,意味着价格增长幅度的无限增大以及商品属性、经营模式的根本变化,免费经营和间接营利模型向收费经济和直接营利模型的转变将导致不具有替代关系的商品或者服务被纳入相关市场,相关市场界定过宽,价格上涨的定量测试方法并不具有评价优势,因此可代之以质量下降的定性测试方法。在互联网领域,相关市场的边界和市场份额的指向性并不清晰且稳定,因此对经营者市场支配地位的判断应综合市场份额、竞争状况、价格控制、交易数量、技术条件、进入壁垒、潜在竞争者等多方面要素予以考虑。在经营者是否构成市场支配地位的结果不明确或者已经构成市场支配地位的情况下,须通过判断是否存在"滥用"即排除或者限制竞争行为验证市场支配地位或者直接证明法律禁止的市场支配行为。此时,如果经营者不存在排除或者限制竞争行为,且不存在服务质量下降和消费者福利减少的情况，则说明经营者未形成市场支配地位或者并未作出滥用市场支配地位的行为。

关联法律：《中华人民共和国反垄断法》第 22 条规定："禁止具有市场支配地位的经营者从事下列滥用市场支配地位的行为：（一）以不公平的高价销售商品或者以不公平的低价购买商品；（二）没有正当理由，以低于成本的价格销售商品；（三）没有正当理由，拒绝与交易相对人进行交易；（四）没有正当理由，限定交易相对人只能与其进行交易或者只能与其指定的经营者进行交易；（五）没有正当理由搭售商品，或者在交易时附加其他不合理的交易条件；（六）没有正当理由，对条件相同的交易相对人在交易价格等交易条件上实行差别待遇；（七）国务院反垄断执法机构认定的其他滥用市场支配地位的行为。具有市场支配地位的经营者不得利用数据和算法、技术以及平台规则等从事前款规定的滥用市场支配地位的行为。本法所称市场支配地位，是指经营者在相关市场内具有能够控制商品价格、数量或者其他交易条件，或者能够阻碍、影响其他经营者进入相关市场能力的市场地位。"第 23 条规定："认定经营者具有市场支配地位，应当依据下列因素：（一）该经营者在相关市场的市场份额，以及相关市场的竞争状况；（二）该经营者控制销售市场或者原材料采购市场的能力；（三）该经营者的财力和技术条件；（四）其他经营者对该经营者在交易上的依赖程度；（五）其他经营者进入相关市场的难易程度；（六）与认定该经营者市场支配地位有关的其他因素。"

6.3.2 经营者的市场促进行为可成为否定其滥用市场支配地位的因素

【诉讼争议】：A 公司诉 B 公司滥用市场支配地位纠纷案。A 诉称，B 利用其开发运营软件甲在手机安全以及服务市场上的支配地位拦截 A 开发运营的软件乙,由此导致网络用户无法正常使用软件乙,故 B 的行为构成滥用市场支配地位并应当赔偿损失。B 辩称,由于软件乙向用户发送的短信中包含软件自动生成,具有宣传推广性质,可向陌生人发送的超长链接,因此促发了软件甲的拦截机制;通过 A 的申诉并修改短信发送方式,软件甲已经不再对软件乙发送的短信进行拦截,故 B 不存在滥用市场支配地位的行为。

规则解析:通过综合考虑法律规定、用户地域、竞争者状态、互联网用户习惯等情况,可以将手机安全软件市场的地域范围界定为中国大陆地区市场。在没有充足证据证明被诉经营者市场份额,证明其具备阻碍或者影响其他经营者进入相关市场能力的情况下,其通过磋商协调、技术升级等方式解除其开发运营软件对误判商业性电子信息的拦截,完善手机安全软件不足,促进互联网市场合理运行等行为应成为否定其滥用市场支配地位的重要因素。

关联法律:《中华人民共和国反垄断法》第 15 条规定:"本法所称经营者,是指从事商品生产、经营或者提供服务的自然人、法人和非法人组织。本法所称相关市场,是指经营者在一定时期内就特定商品或者服务(以下统称商品)进行竞争的商品范围和地域范围。"第 22 条规定:"禁止具有市场支配地位的经营者从事下列滥用市场支配地位的行为:(一)以不公平的高价销售商品或者以不公平的低价购买商品;(二)没有正当理由,以低于成本的价格销售商品;(三)没有正当理由,拒绝与交易相对人进行交易;(四)没有正当理由,限定交易相对人只能与其进行交易或者只能与其指定的经营者进行交易;(五)没有正当理由搭售商品,或者在交易时附加其他不合理的交易条件;(六)没有正当理由,对条件相同的交易相对人在交易价格等交易条件上实行差别待遇;(七)国务院反垄断执法机构认定的其他滥用市场支配地位的行为。具有市场支配地位的经营者不得利用数据和算法、技术以及平台规则等从事前款规定的滥用市场支配地位的行为。本法所称市场支配地位，是指经营者在相关市场内具有能够控制商品价格、数量或者其他交易条件，或者能够阻碍、影响其他经营者进入相关市场能力的市场地位。"

6.3.3 平台经营者依法管理商业用户的不合理行为可成为否定其滥用市场支配地位的因素

【诉讼争议】:A公司诉B公司滥用市场支配地位纠纷案。A诉称，其是行业网站甲的实际经营者，B是搜索网站乙的实际经营者，由于A降低了对搜索网站乙竞价排名的投入，B对行业网站甲进行了全面屏蔽并导致网站访问量大幅度下降，故B的行为构成滥用市场支配地位并应当赔偿损失，解除屏蔽。B辩称，搜索引擎提供了免费服务，不构成反垄断法中的相关市场；行业网站甲存在大量"垃圾外链"行为，故以减少收录行业网站甲等方式对A进行处罚，B不存在滥用市场支配地位的行为。

规则解析:双边或者多边市场是互联网行业的重要特征，搜索引擎服务的对象可同时包括免费服务对象和付费服务对象，在一边市场上提供免费产品或者服务往往是在其他领域获得营利的组合商业模式，一般情况下搜索引擎服务并不完全属于免费服务，不能构成反垄断法豁免适用的当然理由，搜索网站的实际经营者及其行为可以成为反垄断法适用的对象。在平台企业承担经营和管理双重职责的背景下，其通常依据法律和合同规定对进驻平台的经营者以及行为进行必要管理，其中包括对大量"垃圾外链"行为的屏蔽。在审判实践中，平台企业行为的合法性是分析验证其是否滥用市场支配地位的重要参考因素。

关联法律:《中华人民共和国反垄断法》第22条规定:"禁止具有

市场支配地位的经营者从事下列滥用市场支配地位的行为:(一)以
不公平的高价销售商品或者以不公平的低价购买商品;(二)没有正
当理由,以低于成本的价格销售商品;(三)没有正当理由,拒绝与交
易相对人进行交易;(四)没有正当理由,限定交易相对人只能与其进
行交易或者只能与其指定的经营者进行交易;(五)没有正当理由搭
售商品,或者在交易时附加其他不合理的交易条件;(六)没有正当理
由,对条件相同的交易相对人在交易价格等交易条件上实行差别待
遇;(七)国务院反垄断执法机构认定的其他滥用市场支配地位的行
为。具有市场支配地位的经营者不得利用数据和算法、技术以及平
台规则等从事前款规定的滥用市场支配地位的行为。本法所称市场
支配地位,是指经营者在相关市场内具有能够控制商品价格、数量或
者其他交易条件,或者能够阻碍、影响其他经营者进入相关市场能力
的市场地位。"

6.3.4 平台经营者预防商业用户的潜在负面影响可成为否定 其滥用市场支配地位的因素

【诉讼争议】:A 诉 B 公司滥用市场支配地位纠纷案。A 诉称,B
开发运营的软件甲是大型即时通信和社交平台,在软件甲表情开放
平台上 A 提交了含有咨询服务内容和广告语的卡通表情包,同时 A
在其他平台也通过使用相关卡通形象推广咨询服务活动;但是,B 未
通过 A 提交的表情包审核,构成滥用市场支配地位。B 辩称,A 在软
件甲表情开放平台投稿的表情包并非为了推广,而是为了宣传推广其
线上或者线下的咨询服务;如果审核通过 A 的表情包投稿、让表情包
入驻表情开放平台,则会降低、破坏网络用户使用软件甲时的体验,B
的正常经营行为不会损害 A 的利益,也不构成滥用市场支配地位。

规则解析:整体的互联网表情推广服务市场才构成相关市场,而

单一软件平台中的表情推广服务难以构成相关市场并且具有市场支配地位。平台经营者可以通过制定执行关于服务协议、投稿指引、审核标准等方式加强对表情推广服务的管理运营规则,进而防止个别网络用户利用平台产生或者扩大负外部效应,损害平台经营者和广大网络用户的长远利益。平台经营者按照管理运营规则标准不予审核通过表情包投稿的行为并不会对投稿人以及作品带来竞争性损害,是一种预防商业营运活动中负面效果扩大的正当行为。对于投稿者的诉求而言,相关市场的替代性较强,进入条件较低,可以通过修改制作符合软件平台规则要求,向其他平台投稿推广表情包等方式实现其商业利益。因此,可优先在合同规则框架下解决相关争议,而不必进入反垄断领域。

关联法律:《中华人民共和国反垄断法》第15条规定:"本法所称经营者,是指从事商品生产、经营或者提供服务的自然人、法人和非法人组织。本法所称相关市场,是指经营者在一定时期内就特定商品或者服务(以下统称商品)进行竞争的商品范围和地域范围。"第22条规定:"禁止具有市场支配地位的经营者从事下列滥用市场支配地位的行为:(一)以不公平的高价销售商品或者以不公平的低价购买商品;(二)没有正当理由,以低于成本的价格销售商品;(三)没有正当理由,拒绝与交易相对人进行交易;(四)没有正当理由,限定交易相对人只能与其进行交易或者只能与其指定的经营者进行交易;(五)没有正当理由搭售商品,或者在交易时附加其他不合理的交易条件;(六)没有正当理由,对条件相同的交易相对人在交易价格等交易条件上实行差别待遇;(七)国务院反垄断执法机构认定的其他滥用市场支配地位的行为。具有市场支配地位的经营者不得利用数据和算法、技术以及平台规则等从事前款规定的滥用市场支配地位的行为。本法所称市场支配地位,是指经营者在相关市场内具有能够控制商品价格、数量或者其他交易条件,或者能够阻碍、影响其他经营者进入相关市场能力的市场地位。"

6.3.5 经营者不可利用标准必要专利在相关市场中滥用市场支配地位

【诉讼争议】:A 诉 B 公司滥用市场支配地位纠纷案。A 诉称,A是全球主要的电信设备提供商,B 将其直接或者间接拥有的专利权纳入无线通信的国际标准并以此形成了相关市场的支配地位;B 对其专利许可设定不公平的过高价格,对条件相似的交易相对人设定歧视性的交易条件,在许可条件中附加不合理的条件,在许可过程中涉嫌搭售,通过诉讼等方式拒绝交易,以上行为无视其在加入标准组织时的公平、合理、无歧视原则,对 A 在相关市场的正常经营活动造成实质损害,已经构成滥用市场支配地位。B 辩称,其不构成滥用市场支配地位。

规则解析:技术标准化可以降低企业的生产和经营成本,也可以减少因技术障碍而产生的贸易障碍。标准必要专利是指为实施技术标准而不得不使用的专利。当一项技术标准成为行业、国家甚至国际强制性标准,未达到或者不符合标准的产品或者服务便无法进行市场。目前,在机械、电子、信息、通信等行业,如何在维护标准必要专利权利人权益的条件下,坚持技术标准的开放性和公共性,成为反垄断法和知识产权法交叉适用的重点问题。在标准必要专利反垄断民事诉讼中,如果标准必要专利具有唯一性和不可替代性,则其构成一个独立的相关市场,标准必要专利权利人拥有 100% 的市场份额并具有影响其他经营者进入该相关市场、控制价格和数量以及自主设定交易条件的能力,从而具有市场支配地位。如果标准必要专利权利人违背合理、无歧视的许可承诺,强迫实施者接受过高的专利许可条件，逼迫实施者就必要专利之外因素支付相应对价，则构成滥用市场支配地位。

关联法律：《中华人民共和国反垄断法》第22条规定："禁止具有市场支配地位的经营者从事下列滥用市场支配地位的行为：（一）以不公平的高价销售商品或者以不公平的低价购买商品；（二）没有正当理由，以低于成本的价格销售商品；（三）没有正当理由，拒绝与交易相对人进行交易；（四）没有正当理由，限定交易相对人只能与其进行交易或者只能与其指定的经营者进行交易；（五）没有正当理由搭售商品，或者在交易时附加其他不合理的交易条件；（六）没有正当理由，对条件相同的交易相对人在交易价格等交易条件上实行差别待遇；（七）国务院反垄断执法机构认定的其他滥用市场支配地位的行为。具有市场支配地位的经营者不得利用数据和算法、技术以及平台规则等从事前款规定的滥用市场支配地位的行为。本法所称市场支配地位，是指经营者在相关市场内具有能够控制商品价格、数量或者其他交易条件，或者能够阻碍、影响其他经营者进入相关市场能力的市场地位。"第23条规定："认定经营者具有市场支配地位，应当依据下列因素：（一）该经营者在相关市场的市场份额，以及相关市场的竞争状况；（二）该经营者控制销售市场或者原材料采购市场的能力；（三）该经营者的财力和技术条件；（四）其他经营者对该经营者在交易上的依赖程度；（五）其他经营者进入相关市场的难易程度；（六）与认定该经营者市场支配地位有关的其他因素。"

第7章　惩治数字经济犯罪规则的创新生成

就当前我国的数字经济实践而言,涉数字经济犯罪活动以及相应的司法治理具有以下特征。

第一,案件涉及的罪名较多。在现行刑法罪名体系中,涉数字经济犯罪罪名主要包括《中华人民共和国刑法》第 111 条为境外窃取、刺探、收买、非法提供国家秘密、情报罪,第 177 条之一窃取、收买、非法提供信用卡信息罪,第 219 条侵犯商业秘密罪,第 219 条之一为境外窃取、刺探、收买、非法提供商业秘密罪,第 253 条之一侵犯公民个人信息罪,第 282 条非法获取国家秘密罪,第 285 条非法获取计算机信息系统数据罪和非法控制计算机信息系统罪,第 286 条破坏计算机信息系统罪,第 398 条故意泄露国家秘密罪和过失泄露国家秘密罪,第 431 条非法获取军事秘密罪和为境外窃取、刺探、收买、非法提供军事秘密罪,第 432 条故意泄露军事秘密罪和过失泄露军事秘密罪等。

第二,案件涉及的犯罪事实较复杂。随着数字经济的迅速发展,数据中涉及的法益也呈现出多样化、复合型的特点。例如,对非公开数据的侵害可能涉及"个人信息""商业秘密""国家秘密""军事秘密"中的一个或者多个法益。又如,涉数字经济犯罪行为可成为其他犯罪的上游犯罪、伴随犯罪形态,并且对共同犯罪的认定与刑罚产生影响。在通常的司法实践中，依据数据内容关联的法益判断涉及的罪名和刑事责任；当数据内容并不明确或者并不被关联法律所覆盖，则依据《中华人民共和国刑法》第 285 条非法获取计算机信息系统数据罪和非法控制计算机信息系统罪、第 286 条破坏计算机信息系统罪进行处理。

第三，案件涉及的技术专业性较强。以利用数字资产从事各类犯罪行为为例，有的行为人利用数字资产的金融属性和公众信息偏差，打着数字金融产品"投资返利""保本付息"的旗号，开展违法金融活动，严重扰乱金融秩序；有的行为人利用数字资产的匿名、去中心化特征以及监管技术的滞后性，将数字资产作为洗钱技术工具，给技术追踪和司法认定造成了较大困扰。针对利用非同质化通证标记特定数字资产以及其金融化证券化倾向，国家相关部门和行业协会出台《关于防范 NFT 相关金融风险的倡议》等规定，打击"对敲""老鼠仓"等行为，遏制炒作交易、洗钱诈骗等现象，并积极预防交易从公开转移至私下、境内转移至境外等潜在风险。

第四，犯罪造成的社会危害性较大。随着"互联网＋"模式的迅速扩展以及数据产业链的不断延伸，各种经济社会风险更加容易聚集或者扩张。具体可以表现为，有的犯罪行为危害政治安全、经济安全、军事安全等国家安全，有的犯罪行为危害社会公共秩序和善良风俗，有的犯罪行为危害组织和个人利益。值得深入研究的是涉数字经济民刑交叉问题，一方面，有的侵权行为呈现出逐步转化为犯罪的趋势，对该类行为的预判与控制需要加强研究；另一方面，关于侵犯商业秘密、非法获取计算机信息系统数据等行为的民刑界限和认定标准尚不够清楚，有待进一步商榷研究。

7.1 计算机信息系统相关罪名对数据相关权益的保护

以数据为保护对象的罪名还包括非法获取计算机信息系统数据罪和破坏计算机信息系统罪。前者制裁的是非法获取数据的行为,即获取型数据犯罪,后者制裁的是删除、修改、增加数据的行为,即破坏型数据犯罪,两者构成狭义的刑法数据权益保护体系。

7.1.1 利用"技术侵入"方式非法获取计算机信息系统数据的行为可构成犯罪

【诉讼争议】:被告单位 A 和被告人 B、C、D、E 非法获取计算机信息系统数据案。A 是经营计算机网络技术开发、技术服务、电子商务、电子产品等业务的有限责任公司,B 是该公司的法定代表人兼 CEO,C 是该公司的联席 CEO 和产品负责人,D 是该公司的 CTO 和技术负责人。B、C、D 共谋采取技术手段抓取被害单位服务器中存储的视频数据,指使 E 破解被害单位的防抓取措施,造成被害单位损失技术服务费。其中,被告单位和被告人采取的技术是使用"tt_spider"文件对被害单位服务器进行数据抓取并将结果存入数据库;在数据抓取过程中,使用伪造 decice_id 绕过服务器的身份校验、使用伪造 UA 及 IP 绕过服务器的访问频率限制。

规则解析:爬虫技术是一种常见的数据抓取手段,其常见于搜索引擎领域并促进了数据的共享。如果被告单位以及被告人在数据抓取过程中,未经许可进入被害单位的计算机系统,采取规避或者突破被害单位反爬虫安防措施的技术手段,则构成非法获取计算机信息系统数据罪中的"侵入"行为;加之满足情节严重的条件,则构成非法获取计算机信息系统数据罪。其中,"技术侵入"的认定应重点考虑两个方面，一方面是被害人对数据是否有保密性需求、需求性程度以及相应行为，例如权利人在主观上对数据具有保密的意思表示，在客观上对数据采取一定的安全控制手段以及该手段的实际投入和效果。另一方面是被告单位和被告人获取数据手段的非法性，例如被告单位和被告人是否存在破解被害单位的防抓取措施，使用软件绕过服务器的身份校验和访问频率限制等行为。

关联法律：《中华人民共和国刑法》第 285 条规定："违反国家规定，侵入国家事务、国防建设、尖端科学技术领域的计算机信息系统的，处三年以下有期徒刑或者拘役。违反国家规定，侵入前款规定以外的计算机信息系统或者采用其他技术手段，获取该计算机信息系统中存储、处理或者传输的数据，或者对该计算机信息系统实施非法控制，情节严重的，处三年以下有期徒刑或者拘役，并处或者单处罚金；情节特别严重的，处三年以上七年以下有期徒刑，并处罚金。提供专门用于侵入、非法控制计算机信息系统的程序、工具，或者明知他人实施侵入、非法控制计算机信息系统的违法犯罪行为而为其提供程序、工具，情节严重的，依照前款的规定处罚。单位犯前三款罪的，对单位判处罚金，并对其直接负责的主管人员和其他直接责任人员，依照各该款的规定处罚。"

7.1.2 利用"技术接入"方式非法调取使用他人服务器上数据的行为可构成犯罪

【诉讼争议】：被告人 A 非法获取计算机信息系统数据案。A 入职 B 公司并负责甲软件 App 的开发以及在苹果应用商店上架事宜，于两年后离职。B 公司通过收取会员费、植入广告费等方式为甲软件的用户提供视频、音频等服务而营利，后甲软件 App 下线。此后，A 利用其在 B 公司工作时了解到的技术信息等资源仿制了无广告版的甲软件 App,并在苹果应用商店上架,收取下载费用获利。通过应用程序编程接口(API)技术,该仿制软件 App 的用户可以欣赏 B 公司服务器上存储的视频音频资源。A 通过上述方式非法获利约 20万元。

规则解析:无论是通过侵入计算机信息系统方式调取使用他人服务器上的数据,还是通过应用程序编程接口方式调取使用他人服务器上的数据,两者只存在技术手段、实现路径的差异,并不影响获取他人服务器数据的结果。当数据权利人通过应用程序编程接口技术对数据进行保护,即便突破应用程序编程接口技术的行为并没有侵入计算机信息系统内部,调取使用他人服务器上数据的行为实质上也应当被视为已经获取了目标数据。如果调取使用他人服务器上数据的行为,同时满足情节严重的条件,则构成犯罪。

关联法律:《中华人民共和国刑法》第 285 条规定:"违反国家规定,侵入国家事务、国防建设、尖端科学技术领域的计算机信息系统的,处三年以下有期徒刑或者拘役。违反国家规定,侵入前款规定以外的计算机信息系统或者采用其他技术手段,获取该计算机信息系统中存储、处理或者传输的数据,或者对该计算机信息系统实施非法控制,情节严重的,处三年以下有期徒刑或者拘役,并处或者单处罚金;情节特别严重的,处三年以上七年以下有期徒刑,并处罚金。"

7.1.3　非法控制目标服务器并实施修改、增加计算机信息系统数据的行为可构成犯罪

【诉讼争议】:被告人 A、B、C、D 非法控制计算机信息系统案。A、B、C、D 为赚取赌博网站广告费用,对经过其检索、筛查后的目标服务器植入木马程序,再通过特定软件链接木马程序并取得目标服务器后台浏览、增加、删除、修改等操作权限,又将添加了赌博关键字

并设置自动跳转功能的静态页面上传至目标服务器，进而提高赌博网站广告被搜索引擎命中概率。A、B、C、D 共链接被植入木马程序的目标服务器 100 余台，其中部分网站服务器还被植入含有赌博关键词的广告页面。

规则解析：在实践中，不同的计算机犯罪行为之间往往相互交叉关联，相关法律条款的适用也存在竞合的可能。通过植入木马程序的方式非法获取服务器控制权，修改或者增加计算机信息系统数据，向计算机信息系统上传网页链接代码，显然是一种采用技术手段非法控制计算机信息系统的行为。如果非法控制计算机信息系统行为具有为网络赌博、色情网站等网络违法犯罪提供引流、广告推广等帮助以及控制目标服务器达到一定数量等情形，则已经构成严重情节。如果该非法控制行为并未造成计算机信息系统功能实质性破坏、不能正常运行、计算机信息系统内有价值数据增删等结果，则不应构成破坏计算机信息系统罪，而只可能构成非法控制计算机信息系统罪。

关联法律：《中华人民共和国刑法》第 285 条规定："违反国家规定，侵入国家事务、国防建设、尖端科学技术领域的计算机信息系统的，处三年以下有期徒刑或者拘役。违反国家规定，侵入前款规定以外的计算机信息系统或者采用其他技术手段，获取该计算机信息系统中存储、处理或者传输的数据，或者对该计算机信息系统实施非法控制，情节严重的，处三年以下有期徒刑或者拘役，并处或者单处罚金；情节特别严重的，处三年以上七年以下有期徒刑，并处罚金。提供专门用于侵入、非法控制计算机信息系统的程序、工具，或者明知他人实施侵入、非法控制计算机信息系统的违法犯罪行为而为其提供程序、工具，情节严重的，依照前款的规定处罚。"

7.1.4　向他人提供侵入计算机信息系统程序的行为可构成犯罪

【诉讼争议】：被告人 A 提供侵入计算机信息系统程序案。经他人推介，A 购置了一款可以获取短视频平台用户数据的爬虫软件；该软件可以通过关键词搜索快速抓取用户名、评论、账户 UID、签名等用户信息，再通过软件将 UID 转化为二维码，从而精准定位客户。此后，A 以及其销售人员对该爬虫软件进行了重新包装并在网上推广销售，多人购置了软件，A 获得销售非法所得 2 万余元。从 A 处购得软件的相关人员亦通过使用软件获取了非法利益。

规则解析：一般而言，单位或者个人获取、使用企业在正常经营活动中获取的批量用户信息，需要经过数据提供者知情和同意、数据保管者许可和授权以及遵守相关法律规定和合同约定。向他人提供侵入计算机信息系统程序行为的违法性，表现在向他人提供专门用于侵入、非法控制计算机信息系统的程序、工具；该程序、工具可不经权利人同意而被用于避开或者突破计算机信息系统的安全措施，从而强行或者隐蔽地侵入他人计算机信息系统，非法获取后台服务器内指定的数据文件，其本质属于网络爬虫技术的非法使用。如果向他人提供侵入计算机信息系统程序行为具有造成用户隐私和个人信息泄露、使用软件人员较多、获取非法所得较多等情形，则属于严重情节，可构成犯罪。

关联法律：《中华人民共和国刑法》第 285 条规定："违反国家规定，侵入国家事务、国防建设、尖端科学技术领域的计算机信息系统的，处三年以下有期徒刑或者拘役。违反国家规定，侵入前款规定以外的计算机信息系统或者采用其他技术手段，获取该计算机信息系统中存储、处理或者传输的数据，或者对该计算机信息系统实施非法控制，情节严重的，处三年以下有期徒刑或者拘役，并处或者单处罚金；情节特别严重的，处三年以上七年以下有期徒刑，并处罚金。提供专门用于侵入、非法控制计算机信息系统的程序、工具，或者明知他人实施侵入、非法控制计算机信息系统的违法犯罪行为而为其提供程序、工具，情节严重的，依照前款的规定处罚。"

7.2 其他相关罪名对数据相关权益的保护

除与计算机信息系统相关罪名对数据相关权益进行保护外，刑法还通过其他相关罪名对危害数字经济的犯罪行为进行打击。该类犯罪存在多种形态：第一，严重威胁国家公共安全。具体表现为破坏通信基站、公共服务平台等关键信息基础设施，犯罪手段由物理破坏逐步转变为漏洞利用、代码植入等技术攻击。例如，近年来出现了境外机构通过网络攻击、植入特种木马程序等手段，意图控制电信运营商系统网络节点设备、业务系统服务器等设施的情形，致使网络及信息系统出现"停服断网"风险。第二，破坏网络空间秩序。以侮辱诽谤、煽动滋事、公开隐私等方式发生的"网络暴力"屡禁不止，还出现了以合成虚假照片、制作表情包、传播"AI换脸"视频、侵扰直播网课等形式侵害他人权益的现象。第三，损害消费者人身财产权益。部分不法分子利用网络销售隐蔽性强、监管不及时等特点，通过互联网平台引诱消费者购买假冒伪劣产品，并使用 QQ、微信等线上渠道联系，依托制假窝点、售假网络在全国范围销售假冒伪劣产品，严重损害消费者的合法权益。第四，损害市场公平竞争环境。部分不法分子通过刷单诈骗、推广引流、返利收款、转账洗钱等方式，进行不正当竞争犯罪，并形成上下游犯罪相结合的黑灰产犯罪团伙，严重扰乱了正常的市场公平竞争秩序。第五，危害税收金融管理秩序。参与数字经济的企业在商业模式、组织架构、管理流程、财务管理等方面出现了诸多区别于传统企业的新情况，有部分不法分子利用监管漏洞实施偷税漏税活动。此外，部分不法分子利用互联网实施非法集资的案件频发，也放大了金融风险。第六，通过网络平台加剧社会治理风险。当前,涉网络平台犯罪已经由原先单一的销售假冒伪劣产品犯罪,逐步扩展至毒品犯罪、枪支犯罪、发票犯罪、伪造印章、非法收购濒危野生动物等领域。虽然上述案件体现出了"数据＋""互联网＋"等特征,但仍以侵犯其他法益的相关罪名进行保护、裁判标准,与通常法律适用方法一致,故不再分类进行裁判标准分析。

第8章　法院创新生成数字经济治理规则的理论模型与前瞻

　　近年来,全球各国竞相制定数字经济发展战略和法案,参与重组全球要素资源,重塑全球经济结构,改变全球竞争格局,并通过司法手段争取全球数据治理话语权、全球数据规则制定权、全球数字经济发展优先权。

8.1　法院创新生成数字经济治理规则的理论模型

　　在国内主要数据中心城市,与数据确权和交易相关的合同纠纷、个人医疗数据的侵权纠纷、数据开发利用中的不正当竞争纠纷、侵犯数据资产的民刑交叉纠纷等案件进入诉讼领域,法院在个案争议解决之外承担公共政策功能的角色更加凸显。分析国内诉讼案件情况可以发现,法院裁判具有"推动—演化—协调型生成规则"的理论模型特征。具体而言:

　　第一,"推动型生成规则"主要是法院依据国家战略、经济政策等目标,以自上而下的方式生成规则。例如,制定针对数字经济知识产权和竞争案件的审理指南,指导相关诉讼案件的审判工作。

　　第二,"演化型生成规则"主要是法院考虑数字经济经营、消费等需求,以自下而上的方式生成规则。例如,对数字经济产业和技术标准的认可并作为裁判的依据。

第三,"协调型生成规则"主要是法院在应对国际数字经济摩擦纠纷中建立国际机制,追求国际共识,推动形成公正合理透明的全球数字经济规则体系。例如,主动参与、引领数字经济国际规则制定,生成我国数字经济领域的反垄断司法规则。

值得关注的是,当前数字经济诉讼的理论研究还存在一些整体框架性问题。例如,司法与数字经济发展及其法治的关系较为复杂,虽然已有研究在多个领域有所积累,但总体零星分散,尚未形成一个相对完整的研究体系,因此需要在融合法学、经济学、历史学等相关研究成果的基础上形成统一的研究框架和范式。

8.2　法院创新生成数字经济治理规则的体系建构

在参与数字经济治理过程中,法院可以着手设计"中国式审判现代化服务保障数字经济发展的制度供给框架"。该制度供给框架可以涵盖以下内容:

第一,牵引数字经济法治治理体系建设。在国家统筹数字经济治理的大格局下,构建以法院生成数字经济规则为主体之一的数字经济法治治理体系。在贯彻落实《关于构建数据基础制度更好发挥数据要素作用的意见》基础上,按照"由表及里、由浅入深、由标至本"的逻辑,梳理构建法院生成数字经济规则,牵引带动建设数字经济法治体系,助推数字经济治理格局的形成与优化,促进完善数字经济立法总体框架和规划。

第二,完善服务保障数字经济发展的司法政策。围绕"法院参与治理数字经济"编制法院第六个五年改革纲要专编或者专项司法服务保障政策。结合数字经济发展的阶段性特点,从法院角色职责和目标措施上强化宏观指引,分别围绕数字产业化司法治理和产业数字化司法治理制定服务保障司法政策,建立数字经济安全风险司法预警和可控机制、数字经济市场公平竞争白皮书发布机制等,分阶段、有重点、针对性地参与数字经济法治体系构建。

第三,建立健全数字经济案件规则库。集合全球范围内的数字经济诉讼案件资源,重点梳理各个审判领域主要数字经济案件的生成规则,建构我国数字经济案件智能检索系统的理论模型,推动国家政府、法院以及法律数据公司共同建立全球数字经济法治规则集成系统,孵化新的数字经济法律产业,推动国家治理能力提升、法院审判能力现代化、企业"走出去"战略实施。

第四,推进法院配套体制机制改革。按照国家统一部署,稳妥有序推进法院的相关改革,探索设立推广法院审判委员会数字经济专业委员会、数字经济法院(庭),建立数字经济案件提级管辖制度,设立法院审理数字经济案件咨询专家库,培养数字经济案件审判业务专家以及其他专门型人才,与数字经济相关产业协会联合建立跨行政区划数字经济诉讼争议调解中心。

第五,加强全球数字经济司法治理政策和规则储备。加强国际数据治理政策和规则储备,坚决维护国家安全、我国企业和公民合法权益。运用司法手段有效应对国际数字经济摩擦纠纷,反制任何国家的"长臂管辖",建立健全涉外数字经济司法规则体系;通过"数字经济法治论坛""海上丝绸之路司法合作国际论坛""上海合作组织成员国最高法院院长会议""世界执行大会"等平台搭建全球法院参与数字经济治理对话机制,推动建立多边数字治理的司法协作机制,参与构建全球数字经济治理架构,积极应对数字鸿沟等全球发展难题。

8.3　法院创新生成数字经济治理规则的前沿问题

在法院创新生成数字经济治理规则的理论模型和体系建构的相关研究中,笔者发现还存在几个亟待攻坚的前沿问题。

第一,对全球数字经济影响性诉讼进行对比研究,全面分析全球主要经济体的不同战略意图和发展策略。即通过比较全球数字经济体法院的制度和政策供给,尤其是比较承载全球 50％以上超大规模数据中心的中国和美国司法实践情况,分析法院在规范、促进数字经济发展中权责范围和司法功能的演变过程,从诉讼请求、答辩意见、争议焦点、事实认定、法律适用、司法决策等多层面立体剖析法官在典型个案中的思维逻辑、裁判方法、决策目的,进而发现不同国家和地区法院在解决数字经济争议时体现的战略意图与发展策略。

第二,对裁判规则的影响力进行实证研究,回归分析裁判规则与数字经济发展之间的相关性。法院生成规则的过程是有制度成本的,需要评估其对数字经济参与主体、数字经济产业的激励作用以及与其他数字经济规则之间的冲突、融合、替代程序。具体来说,通过政策评估法,研究不同司法规则对产业数字化和数字产业化的影响,在实验基础上利用回归模型进行实证检验;通过功能比较法,研究不同法院在审理涉数字经济案件中实际扮演的制度角色,在同一总体目标下判断不同裁判规则的实际效果;通过文献计量法,研究理论和实践的潜在演进方向,可以借用人工智能等手段辅助法院和法官进行分析判断。

第三,对裁判规则的效能进行评估研究,有效分析裁判规则所达到的公共政策效果。当前的理论研究和实务工作可以改变"司法服务保障数字经济发展"的抽象描述,通过收集数字经济诉讼案件审判数据，梳理涉案诉讼案件主体、产业数字化争议点、数字产业化争议点、援用法律条文情况、生成法治规则情况、案件上诉情况，综合运用准自然实验、法官涵摄思维分析、类案检索、人工智能等方法或者工具，在法院生成规则与产业数字化、数字产业化增长之间建立因果联系，探究验证法院服务保障数字经济发展的关系模型和具体成效，形成全面而科学的制度效果评估，作为进一步优化司法政策和裁判标准的基础。具体来说，通过时间维度的评估，验证法院生成规则对数字经济不同发展阶段、不同速度档期产生的影响；通过空间维度的评估，验证法院生成规则在不同区域、不同城市对数字经济发展的不同影响；通过规模维度的评估，验证法院生成规则数量与数字经济体量变化的关系；通过领域维度的评估，验证法院生成规则对产业数字化和数字产业化、数字消费和数字生产的不同影响。通过统筹维度的评估，验证法院生成规则之间的统一性或者冲突性对数字经济发展造成的影响。

附　录

中共中央、国务院关于构建数据基础制度更好发挥数据要素作用的意见

数据作为新型生产要素，是数字化、网络化、智能化的基础，已快速融入生产、分配、流通、消费和社会服务管理等各环节，深刻改变着生产方式、生活方式和社会治理方式。数据基础制度建设事关国家发展和安全大局。为加快构建数据基础制度，充分发挥我国海量数据规模和丰富应用场景优势，激活数据要素潜能，做强做优做大数字经济，增强经济发展新动能，构筑国家竞争新优势，现提出如下意见。

一、总体要求

（一）指导思想。以习近平新时代中国特色社会主义思想为指导，深入贯彻党的二十大精神，完整、准确、全面贯彻新发展理念，加快构建新发展格局，坚持改革创新、系统谋划，以维护国家数据安全、保护个人信息和商业秘密为前提，以促进数据合规高效流通使用、赋能实体经济为主线，以数据产权、流通交易、收益分配、安全治理为重点，深入参与国际高标准数字规则制定，构建适应数据特征、符合数

字经济发展规律、保障国家数据安全、彰显创新引领的数据基础制度，充分实现数据要素价值、促进全体人民共享数字经济发展红利，为深化创新驱动、推动高质量发展、推进国家治理体系和治理能力现代化提供有力支撑。

（二）工作原则

——遵循发展规律，创新制度安排。充分认识和把握数据产权、流通、交易、使用、分配、治理、安全等基本规律，探索有利于数据安全保护、有效利用、合规流通的产权制度和市场体系，完善数据要素市场体制机制，在实践中完善，在探索中发展，促进形成与数字生产力相适应的新型生产关系。

——坚持共享共用，释放价值红利。合理降低市场主体获取数据的门槛，增强数据要素共享性、普惠性，激励创新创业创造，强化反垄断和反不正当竞争，形成依法规范、共同参与、各取所需、共享红利的发展模式。

——强化优质供给，促进合规流通。顺应经济社会数字化转型发展趋势，推动数据要素供给调整优化，提高数据要素供给数量和质量。建立数据可信流通体系，增强数据的可用、可信、可流通、可追溯水平。实现数据流通全过程动态管理，在合规流通使用中激活数据价值。

——完善治理体系，保障安全发展。统筹发展和安全，贯彻总体国家安全观，强化数据安全保障体系建设，把安全贯穿数据供给、流通、使用全过程，划定监管底线和红线。加强数据分类分级管理，把该管的管住、该放的放开，积极有效防范和化解各种数据风险，形成政府监管与市场自律、法治与行业自治协同、国内与国际统筹的数据要素治理结构。

——深化开放合作，实现互利共赢。积极参与数据跨境流动国际规则制定,探索加入区域性国际数据跨境流动制度安排。推动数据跨境流动双边多边协商,推进建立互利互惠的规则等制度安排。鼓励探索数据跨境流动与合作的新途径新模式。

二、建立保障权益、合规使用的数据产权制度

探索建立数据产权制度,推动数据产权结构性分置和有序流通,结合数据要素特性强化高质量数据要素供给;在国家数据分类分级保护制度下,推进数据分类分级确权授权使用和市场化流通交易,健全数据要素权益保护制度,逐步形成具有中国特色的数据产权制度体系。

(三)探索数据产权结构性分置制度。建立公共数据、企业数据、个人数据的分类分级确权授权制度。根据数据来源和数据生成特征,分别界定数据生产、流通、使用过程中各参与方享有的合法权利,建立数据资源持有权、数据加工使用权、数据产品经营权等分置的产权运行机制,推进非公共数据按市场化方式"共同使用、共享收益"的新模式,为激活数据要素价值创造和价值实现提供基础性制度保障。研究数据产权登记新方式。在保障安全前提下,推动数据处理者依法依规对原始数据进行开发利用,支持数据处理者依法依规行使数据应用相关权利,促进数据使用价值复用与充分利用,促进数据使用权交换和市场化流通。审慎对待原始数据的流转交易行为。

(四)推进实施公共数据确权授权机制。对各级党政机关、企事业单位依法履职或提供公共服务过程中产生的公共数据,加强汇聚共享和开放开发,强化统筹授权使用和管理,推进互联互通,打破"数据孤岛"。鼓励公共数据在保护个人隐私和确保公共安全的前提下,按照"原始数据不出域、数据可用不可见"的要求,以模型、核验等产品和服务等形式向社会提供,对不承载个人信息和不影响公共安全

的公共数据,推动按用途加大供给使用范围。推动用于公共治理、公益事业的公共数据有条件无偿使用,探索用于产业发展、行业发展的公共数据有条件有偿使用。依法依规予以保密的公共数据不予开放,严格管控未依法依规公开的原始公共数据直接进入市场,保障公共数据供给使用的公共利益。

(五)推动建立企业数据确权授权机制。对各类市场主体在生产经营活动中采集加工的不涉及个人信息和公共利益的数据,市场主体享有依法依规持有、使用、获取收益的权益,保障其投入的劳动和其他要素贡献获得合理回报,加强数据要素供给激励。鼓励探索企业数据授权使用新模式,发挥国有企业带头作用,引导行业龙头企业、互联网平台企业发挥带动作用,促进与中小微企业双向公平授权,共同合理使用数据,赋能中小微企业数字化转型。支持第三方机构、中介服务组织加强数据采集和质量评估标准制定,推动数据产品标准化,发展数据分析、数据服务等产业。政府部门履职可依法依规获取相关企业和机构数据,但须约定并严格遵守使用限制要求。

(六)建立健全个人信息数据确权授权机制。对承载个人信息的数据,推动数据处理者按照个人授权范围依法依规采集、持有、托管和使用数据,规范对个人信息的处理活动,不得采取“一揽子授权”、强制同意等方式过度收集个人信息,促进个人信息合理利用。探索由受托者代表个人利益,监督市场主体对个人信息数据进行采集、加工、使用的机制。对涉及国家安全的特殊个人信息数据,可依法依规授权有关单位使用。加大个人信息保护力度,推动重点行业建立完善长效保护机制,强化企业主体责任,规范企业采集使用个人信息行为。创新技术手段,推动个人信息匿名化处理,保障使用个人信息数据时的信息安全和个人隐私。

(七)建立健全数据要素各参与方合法权益保护制度。充分保护数据来源者合法权益,推动基于知情同意或存在法定事由的数据流通使用模式,保障数据来源者享有获取或复制转移由其促成产生数据的权益。合理保护数据处理者对依法依规持有的数据进行自主管控的权益。在保护公共利益、数据安全、数据来源者合法权益的前提下,承认和保护依照法律规定或合同约定获取的数据加工使用权,尊重数据采集、加工等数据处理者的劳动和其他要素贡献,充分保障数据处理者使用数据和获得收益的权利。保护经加工、分析等形成数据或数据衍生产品的经营权,依法依规规范数据处理者许可他人使用数据或数据衍生产品的权利,促进数据要素流通复用。建立健全基于法律规定或合同约定流转数据相关财产性权益的机制。在数据处理者发生合并、分立、解散、被宣告破产时,推动相关权利和义务依法依规同步转移。

三、建立合规高效、场内外结合的数据要素流通和交易制度

完善和规范数据流通规则,构建促进使用和流通、场内场外相结合的交易制度体系,规范引导场外交易,培育壮大场内交易;有序发展数据跨境流通和交易,建立数据来源可确认、使用范围可界定、流通过程可追溯、安全风险可防范的数据可信流通体系。

(八)完善数据全流程合规与监管规则体系。建立数据流通准入标准规则,强化市场主体数据全流程合规治理,确保流通数据来源合法、隐私保护到位、流通和交易规范。结合数据流通范围、影响程度、潜在风险,区分使用场景和用途用量,建立数据分类分级授权使用规范,探索开展数据质量标准化体系建设,加快推进数据采集和接口标准化,促进数据整合互通和互操作。支持数据处理者依法依规在场内和场外采取开放、共享、交换、交易等方式流通数据。鼓励探索数据流通安全保障技术、标准、方案。支持探索多样化、符合数据要素

特性的定价模式和价格形成机制，推动用于数字化发展的公共数据按政府指导定价有偿使用，企业与个人信息数据市场自主定价。加强企业数据合规体系建设和监管，严厉打击黑市交易，取缔数据流通非法产业。建立实施数据安全管理认证制度，引导企业通过认证提升数据安全管理水平。

（九）统筹构建规范高效的数据交易场所。加强数据交易场所体系设计，统筹优化数据交易场所的规划布局，严控交易场所数量。出台数据交易场所管理办法，建立健全数据交易规则，制定全国统一的数据交易、安全等标准体系，降低交易成本。引导多种类型的数据交易场所共同发展，突出国家级数据交易场所合规监管和基础服务功能，强化其公共属性和公益定位，推进数据交易场所与数据商功能分离，鼓励各类数据商进场交易。规范各地区各部门设立的区域性数据交易场所和行业性数据交易平台，构建多层次市场交易体系，推动区域性、行业性数据流通使用。促进区域性数据交易场所和行业性数据交易平台与国家级数据交易场所互联互通。构建集约高效的数据流通基础设施，为场内集中交易和场外分散交易提供低成本、高效率、可信赖的流通环境。

（十）培育数据要素流通和交易服务生态。围绕促进数据要素合规高效、安全有序流通和交易需要，培育一批数据商和第三方专业服务机构。通过数据商，为数据交易双方提供数据产品开发、发布、承销和数据资产的合规化、标准化、增值化服务，促进提高数据交易效率。在智能制造、节能降碳、绿色建造、新能源、智慧城市等重点领域，大力培育贴近业务需求的行业性、产业化数据商，鼓励多种所有制数据商共同发展、平等竞争。有序培育数据集成、数据经纪、合规认证、安全审计、数据公证、数据保险、数据托管、资产评估、争议仲裁、风险评估、人才培训等第三方专业服务机构，提升数据流通和交易全流程服务能力。

（十一）构建数据安全合规有序跨境流通机制。开展数据交互、业务互通、监管互认、服务共享等方面国际交流合作，推进跨境数字贸易基础设施建设，以《全球数据安全倡议》为基础，积极参与数据流动、数据安全、认证评估、数字货币等国际规则和数字技术标准制定。坚持开放发展，推动数据跨境双向有序流动，鼓励国内外企业及组织依法依规开展数据跨境流动业务合作，支持外资依法依规进入开放领域，推动形成公平竞争的国际化市场。针对跨境电商、跨境支付、供应链管理、服务外包等典型应用场景，探索安全规范的数据跨境流动方式。统筹数据开发利用和数据安全保护，探索建立跨境数据分类分级管理机制。对影响或者可能影响国家安全的数据处理、数据跨境传输、外资并购等活动依法依规进行国家安全审查。按照对等原则，对维护国家安全和利益、履行国际义务相关的属于管制物项的数据依法依规实施出口管制，保障数据用于合法用途，防范数据出境安全风险。探索构建多渠道、便利化的数据跨境流动监管机制，健全多部门协调配合的数据跨境流动监管体系。反对数据霸权和数据保护主义，有效应对数据领域"长臂管辖"。

四、建立体现效率、促进公平的数据要素收益分配制度

顺应数字产业化、产业数字化发展趋势，充分发挥市场在资源配置中的决定性作用，更好发挥政府作用。完善数据要素市场化配置机制，扩大数据要素市场化配置范围和按价值贡献参与分配渠道。完善数据要素收益的再分配调节机制，让全体人民更好共享数字经济发展成果。

（十二）健全数据要素由市场评价贡献、按贡献决定报酬机制。结合数据要素特征，优化分配结构，构建公平、高效、激励与规范相结

合的数据价值分配机制。坚持"两个毫不动摇"，按照"谁投入、谁贡献、谁受益"原则，着重保护数据要素各参与方的投入产出收益，依法依规维护数据资源资产权益，探索个人、企业、公共数据分享价值收益的方式，建立健全更加合理的市场评价机制，促进劳动者贡献和劳动报酬相匹配。推动数据要素收益向数据价值和使用价值的创造者合理倾斜，确保在开发挖掘数据价值各环节的投入有相应回报，强化基于数据价值创造和价值实现的激励导向。通过分红、提成等多种收益共享方式，平衡兼顾数据内容采集、加工、流通、应用等不同环节相关主体之间的利益分配。

（十三）更好发挥政府在数据要素收益分配中的引导调节作用。逐步建立保障公平的数据要素收益分配体制机制，更加关注公共利益和相对弱势群体。加大政府引导调节力度，探索建立公共数据资源开放收益合理分享机制，允许并鼓励各类企业依法依规依托公共数据提供公益服务。推动大型数据企业积极承担社会责任，强化对弱势群体的保障帮扶，有力有效应对数字化转型过程中的各类风险挑战。不断健全数据要素市场体系和制度规则，防止和依法依规规制资本在数据领域无序扩张形成市场垄断等问题。统筹使用多渠道资金资源，开展数据知识普及和教育培训，提高社会整体数字素养，着力消除不同区域间、人群间数字鸿沟，增进社会公平、保障民生福祉、促进共同富裕。

五、建立安全可控、弹性包容的数据要素治理制度

把安全贯穿数据治理全过程，构建政府、企业、社会多方协同的治理模式，创新政府治理方式，明确各方主体责任和义务，完善行业自律机制，规范市场发展秩序，形成有效市场和有为政府相结合的数据要素治理格局。

（十四）创新政府数据治理机制。充分发挥政府有序引导和规范发展的作用，守住安全底线，明确监管红线，打造安全可信、包容创新、公平开放、监管有效的数据要素市场环境。强化分行业监管和跨行业协同监管，建立数据联管联治机制，建立健全鼓励创新、包容创新的容错纠错机制。建立数据要素生产流通使用全过程的合规公证、安全审查、算法审查、监测预警等制度，指导各方履行数据要素流通安全责任和义务。建立健全数据流通监管制度，制定数据流通和交易负面清单，明确不能交易或严格限制交易的数据项。强化反垄断和反不正当竞争，加强重点领域执法司法，依法依规加强经营者集中审查，依法依规查处垄断协议、滥用市场支配地位和违法实施经营者集中行为，营造公平竞争、规范有序的市场环境。在落实网络安全等级保护制度的基础上全面加强数据安全保护工作，健全网络和数据安全保护体系，提升纵深防护与综合防御能力。

（十五）压实企业的数据治理责任。坚持"宽进严管"原则，牢固树立企业的责任意识和自律意识。鼓励企业积极参与数据要素市场建设，围绕数据来源、数据产权、数据质量、数据使用等，推行面向数据商及第三方专业服务机构的数据流通交易声明和承诺制。严格落实相关法律规定，在数据采集汇聚、加工处理、流通交易、共享利用等各环节，推动企业依法依规承担相应责任。企业应严格遵守反垄断法等相关法律规定，不得利用数据、算法等优势和技术手段排除、限制竞争，实施不正当竞争。规范企业参与政府信息化建设中的政务数据安全管理，确保有规可循、有序发展、安全可控。建立健全数据要素登记及披露机制，增强企业社会责任，打破"数据垄断"，促进公平竞争。

（十六）充分发挥社会力量多方参与的协同治理作用。鼓励行业协会等社会力量积极参与数据要素市场建设，支持开展数据流通相关安全技术研发和服务，促进不同场景下数据要素安全可信流通。建立数据要素市场信用体系，逐步完善数据交易失信行为认定、守信激励、失信惩戒、信用修复、异议处理等机制。畅通举报投诉和争议仲裁渠道，维护数据要素市场良好秩序。加快推进数据管理能力成熟度国家标准及数据要素管理规范贯彻执行工作，推动各部门各行业完善元数据管理、数据脱敏、数据质量、价值评估等标准体系。

六、保障措施

加大统筹推进力度，强化任务落实，创新政策支持，鼓励有条件的地方和行业在制度建设、技术路径、发展模式等方面先行先试，鼓励企业创新内部数据合规管理体系，不断探索完善数据基础制度。

（十七）切实加强组织领导。加强党对构建数据基础制度工作的全面领导，在党中央集中统一领导下，充分发挥数字经济发展部际联席会议作用，加强整体工作统筹，促进跨地区跨部门跨层级协同联动，强化督促指导。各地区各部门要高度重视数据基础制度建设，统一思想认识，加大改革力度，结合各自实际，制定工作举措，细化任务分工，抓好推进落实。

（十八）加大政策支持力度。加快发展数据要素市场，做大做强数据要素型企业。提升金融服务水平，引导创业投资企业加大对数据要素型企业的投入力度，鼓励征信机构提供基于企业运营数据等多种数据要素的多样化征信服务，支持实体经济企业特别是中小微企业数字化转型赋能开展信用融资。探索数据资产入表新模式。

（十九）积极鼓励试验探索。坚持顶层设计与基层探索结合，支持浙江等地区和有条件的行业、企业先行先试，发挥好自由贸易港、自由贸易试验区等高水平开放平台作用，引导企业和科研机构推动数据要素相关技术和产业应用创新。采用"揭榜挂帅"方式，支持有条件的部门、行业加快突破数据可信流通、安全治理等关键技术,建立创新容错机制,探索完善数据要素产权、定价、流通、交易、使用、分配、治理、安全的政策标准和体制机制,更好发挥数据要素的积极作用。

(二十)稳步推进制度建设。围绕构建数据基础制度,逐步完善数据产权界定、数据流通和交易、数据要素收益分配、公共数据授权使用、数据交易场所建设、数据治理等主要领域关键环节的政策及标准。加强数据产权保护、数据要素市场制度建设、数据要素价格形成机制、数据要素收益分配、数据跨境传输、争议解决等理论研究和立法研究,推动完善相关法律制度。及时总结提炼可复制可推广的经验和做法,以点带面推动数据基础制度构建实现新突破。数字经济发展部际联席会议定期对数据基础制度建设情况进行评估,适时进行动态调整,推动数据基础制度不断丰富完善。

二〇二二年十二月二日

中华人民共和国数据安全法

(2021年6月10日第十三届全国人民代表大会常务委员会第二十九次会议通过)

第一章 总则

第一条 为了规范数据处理活动,保障数据安全,促进数据开发利用,保护个人、组织的合法权益,维护国家主权、安全和发展利益,制定本法。

第二条 在中华人民共和国境内开展数据处理活动及其安全监管,适用本法。

在中华人民共和国境外开展数据处理活动,损害中华人民共和国国家安全、公共利益或者公民、组织合法权益的,依法追究法律责任。

第三条 本法所称数据,是指任何以电子或者其他方式对信息的记录。

数据处理,包括数据的收集、存储、使用、加工、传输、提供、公开等。

数据安全,是指通过采取必要措施,确保数据处于有效保护和合法利用的状态,以及具备保障持续安全状态的能力。

第四条 维护数据安全,应当坚持总体国家安全观,建立健全数据安全治理体系,提高数据安全保障能力。

第五条 中央国家安全领导机构负责国家数据安全工作的决策和议事协调,研究制定、指导实施国家数据安全战略和有关重大方针政策,统筹协调国家数据安全的重大事项和重要工作,建立国家数据安全工作协调机制。

第六条　各地区、各部门对本地区、本部门工作中收集和产生的数据及数据安全负责。

工业、电信、交通、金融、自然资源、卫生健康、教育、科技等主管部门承担本行业、本领域数据安全监管职责。

公安机关、国家安全机关等依照本法和有关法律、行政法规的规定,在各自职责范围内承担数据安全监管职责。

国家网信部门依照本法和有关法律、行政法规的规定,负责统筹协调网络数据安全和相关监管工作。

第七条　国家保护个人、组织与数据有关的权益,鼓励数据依法合理有效利用,保障数据依法有序自由流动,促进以数据为关键要素的数字经济发展。

第八条　开展数据处理活动,应当遵守法律、法规,尊重社会公德和伦理,遵守商业道德和职业道德,诚实守信,履行数据安全保护义务,承担社会责任,不得危害国家安全、公共利益,不得损害个人、组织的合法权益。

第九条　国家支持开展数据安全知识宣传普及,提高全社会的数据安全保护意识和水平,推动有关部门、行业组织、科研机构、企业、个人等共同参与数据安全保护工作,形成全社会共同维护数据安全和促进发展的良好环境。

第十条　相关行业组织按照章程,依法制定数据安全行为规范和团体标准,加强行业自律,指导会员加强数据安全保护,提高数据安全保护水平,促进行业健康发展。

第十一条　国家积极开展数据安全治理、数据开发利用等领域的国际交流与合作,参与数据安全相关国际规则和标准的制定,促进数据跨境安全、自由流动。

第十二条 任何个人、组织都有权对违反本法规定的行为向有关主管部门投诉、举报。收到投诉、举报的部门应当及时依法处理。

有关主管部门应当对投诉、举报人的相关信息予以保密，保护投诉、举报人的合法权益。

第二章　数据安全与发展

第十三条 国家统筹发展和安全，坚持以数据开发利用和产业发展促进数据安全，以数据安全保障数据开发利用和产业发展。

第十四条 国家实施大数据战略，推进数据基础设施建设，鼓励和支持数据在各行业、各领域的创新应用。

省级以上人民政府应当将数字经济发展纳入本级国民经济和社会发展规划，并根据需要制定数字经济发展规划。

第十五条 国家支持开发利用数据提升公共服务的智能化水平。提供智能化公共服务，应当充分考虑老年人、残疾人的需求，避免对老年人、残疾人的日常生活造成障碍。

第十六条 国家支持数据开发利用和数据安全技术研究，鼓励数据开发利用和数据安全等领域的技术推广和商业创新，培育、发展数据开发利用和数据安全产品、产业体系。

第十七条 国家推进数据开发利用技术和数据安全标准体系建设。国务院标准化行政主管部门和国务院有关部门根据各自的职责，组织制定并适时修订有关数据开发利用技术、产品和数据安全相关标准。国家支持企业、社会团体和教育、科研机构等参与标准制定。

第十八条 国家促进数据安全检测评估、认证等服务的发展，支持数据安全检测评估、认证等专业机构依法开展服务活动。

国家支持有关部门、行业组织、企业、教育和科研机构、有关专业机构等在数据安全风险评估、防范、处置等方面开展协作。

第十九条　国家建立健全数据交易管理制度,规范数据交易行为,培育数据交易市场。

第二十条　国家支持教育、科研机构和企业等开展数据开发利用技术和数据安全相关教育和培训,采取多种方式培养数据开发利用技术和数据安全专业人才,促进人才交流。

第三章　数据安全制度

第二十一条　国家建立数据分类分级保护制度,根据数据在经济社会发展中的重要程度,以及一旦遭到篡改、破坏、泄露或者非法获取、非法利用,对国家安全、公共利益或者个人、组织合法权益造成的危害程度,对数据实行分类分级保护。国家数据安全工作协调机制统筹协调有关部门制定重要数据目录,加强对重要数据的保护。

关系国家安全、国民经济命脉、重要民生、重大公共利益等数据属于国家核心数据,实行更加严格的管理制度。

各地区、各部门应当按照数据分类分级保护制度,确定本地区、本部门以及相关行业、领域的重要数据具体目录,对列入目录的数据进行重点保护。

第二十二条　国家建立集中统一、高效权威的数据安全风险评估、报告、信息共享、监测预警机制。国家数据安全工作协调机制统筹协调有关部门加强数据安全风险信息的获取、分析、研判、预警工作。

第二十三条　国家建立数据安全应急处置机制。发生数据安全事件,有关主管部门应当依法启动应急预案,采取相应的应急处置措施,防止危害扩大,消除安全隐患,并及时向社会发布与公众有关的警示信息。

第二十四条 国家建立数据安全审查制度，对影响或者可能影响国家安全的数据处理活动进行国家安全审查。

依法作出的安全审查决定为最终决定。

第二十五条 国家对与维护国家安全和利益、履行国际义务相关的属于管制物项的数据依法实施出口管制。

第二十六条 任何国家或者地区在与数据和数据开发利用技术等有关的投资、贸易等方面对中华人民共和国采取歧视性的禁止、限制或者其他类似措施的，中华人民共和国可以根据实际情况对该国家或者地区对等采取措施。

第四章 数据安全保护义务

第二十七条 开展数据处理活动应当依照法律、法规的规定，建立健全全流程数据安全管理制度，组织开展数据安全教育培训，采取相应的技术措施和其他必要措施，保障数据安全。利用互联网等信息网络开展数据处理活动，应当在网络安全等级保护制度的基础上，履行上述数据安全保护义务。

重要数据的处理者应当明确数据安全负责人和管理机构，落实数据安全保护责任。

第二十八条 开展数据处理活动以及研究开发数据新技术，应当有利于促进经济社会发展，增进人民福祉，符合社会公德和伦理。

第二十九条 开展数据处理活动应当加强风险监测，发现数据安全缺陷、漏洞等风险时，应当立即采取补救措施；发生数据安全事件时，应当立即采取处置措施，按照规定及时告知用户并向有关主管部门报告。

第三十条 重要数据的处理者应当按照规定对其数据处理活动定期开展风险评估，并向有关主管部门报送风险评估报告。

风险评估报告应当包括处理的重要数据的种类、数量,开展数据处理活动的情况,面临的数据安全风险及其应对措施等。

第三十一条　关键信息基础设施的运营者在中华人民共和国境内运营中收集和产生的重要数据的出境安全管理,适用《中华人民共和国网络安全法》的规定;其他数据处理者在中华人民共和国境内运营中收集和产生的重要数据的出境安全管理办法,由国家网信部门会同国务院有关部门制定。

第三十二条　任何组织、个人收集数据,应当采取合法、正当的方式,不得窃取或者以其他非法方式获取数据。

法律、行政法规对收集、使用数据的目的、范围有规定的,应当在法律、行政法规规定的目的和范围内收集、使用数据。

第三十三条　从事数据交易中介服务的机构提供服务,应当要求数据提供方说明数据来源,审核交易双方的身份,并留存审核、交易记录。

第三十四条　法律、行政法规规定提供数据处理相关服务应当取得行政许可的,服务提供者应当依法取得许可。

第三十五条　公安机关、国家安全机关因依法维护国家安全或者侦查犯罪的需要调取数据,应当按照国家有关规定,经过严格的批准手续,依法进行,有关组织、个人应当予以配合。

第三十六条　中华人民共和国主管机关根据有关法律和中华人民共和国缔结或者参加的国际条约、协定,或者按照平等互惠原则,处理外国司法或者执法机构关于提供数据的请求。非经中华人民共和国主管机关批准,境内的组织、个人不得向外国司法或者执法机构提供存储于中华人民共和国境内的数据。

第五章　政务数据安全与开放

第三十七条　国家大力推进电子政务建设,提高政务数据的科学性、准确性、时效性，提升运用数据服务经济社会发展的能力。

第三十八条 国家机关为履行法定职责的需要收集、使用数据，应当在其履行法定职责的范围内依照法律、行政法规规定的条件和程序进行；对在履行职责中知悉的个人隐私、个人信息、商业秘密、保密商务信息等数据应当依法予以保密，不得泄露或者非法向他人提供。

第三十九条 国家机关应当依照法律、行政法规的规定，建立健全数据安全管理制度，落实数据安全保护责任，保障政务数据安全。

第四十条 国家机关委托他人建设、维护电子政务系统，存储、加工政务数据，应当经过严格的批准程序，并应当监督受托方履行相应的数据安全保护义务。受托方应当依照法律、法规的规定和合同约定履行数据安全保护义务，不得擅自留存、使用、泄露或者向他人提供政务数据。

第四十一条 国家机关应当遵循公正、公平、便民的原则，按照规定及时、准确地公开政务数据。依法不予公开的除外。

第四十二条 国家制定政务数据开放目录，构建统一规范、互联互通、安全可控的政务数据开放平台，推动政务数据开放利用。

第四十三条 法律、法规授权的具有管理公共事务职能的组织为履行法定职责开展数据处理活动，适用本章规定。

第六章 法律责任

第四十四条 有关主管部门在履行数据安全监管职责中，发现数据处理活动存在较大安全风险的，可以按照规定的权限和程序对有关组织、个人进行约谈，并要求有关组织、个人采取措施进行整改，消除隐患。

第四十五条 开展数据处理活动的组织、个人不履行本法第二十七条、第二十九条、第三十条规定的数据安全保护义务的,由有关主管部门责令改正,给予警告,可以并处五万元以上五十万元以下罚款,对直接负责的主管人员和其他直接责任人员可以处一万元以上十万元以下罚款;拒不改正或者造成大量数据泄露等严重后果的,处五十万元以上二百万元以下罚款,并可以责令暂停相关业务、停业整顿、吊销相关业务许可证或者吊销营业执照,对直接负责的主管人员和其他直接责任人员处五万元以上二十万元以下罚款。

违反国家核心数据管理制度,危害国家主权、安全和发展利益的,由有关主管部门处二百万元以上一千万元以下罚款,并根据情况责令暂停相关业务、停业整顿、吊销相关业务许可证或者吊销营业执照;构成犯罪的,依法追究刑事责任。

第四十六条　违反本法第三十一条规定,向境外提供重要数据的,由有关主管部门责令改正,给予警告,可以并处十万元以上一百万元以下罚款,对直接负责的主管人员和其他直接责任人员可以处一万元以上十万元以下罚款;情节严重的,处一百万元以上一千万元以下罚款,并可以责令暂停相关业务、停业整顿、吊销相关业务许可证或者吊销营业执照,对直接负责的主管人员和其他直接责任人员处十万元以上一百万元以下罚款。

第四十七条　从事数据交易中介服务的机构未履行本法第三十三条规定的义务的,由有关主管部门责令改正,没收违法所得,处违法所得一倍以上十倍以下罚款,没有违法所得或者违法所得不足十万元的,处十万元以上一百万元以下罚款,并可以责令暂停相关业务、停业整顿、吊销相关业务许可证或者吊销营业执照;对直接负责的主管人员和其他直接责任人员处一万元以上十万元以下罚款。

第四十八条　违反本法第三十五条规定,拒不配合数据调取的,由有关主管部门责令改正,给予警告,并处五万元以上五十万元以下罚款，对直接负责的主管人员和其他直接责任人员处一万元以上十万元以下罚款。

违反本法第三十六条规定，未经主管机关批准向外国司法或者执法机构提供数据的，由有关主管部门给予警告，可以并处十万元以上一百万元以下罚款，对直接负责的主管人员和其他直接责任人员可以处一万元以上十万元以下罚款；造成严重后果的，处一百万元以上五百万元以下罚款，并可以责令暂停相关业务、停业整顿、吊销相关业务许可证或者吊销营业执照，对直接负责的主管人员和其他直接责任人员处五万元以上五十万元以下罚款。

第四十九条 国家机关不履行本法规定的数据安全保护义务的，对直接负责的主管人员和其他直接责任人员依法给予处分。

第五十条 履行数据安全监管职责的国家工作人员玩忽职守、滥用职权、徇私舞弊的，依法给予处分。

第五十一条 窃取或者以其他非法方式获取数据，开展数据处理活动排除、限制竞争，或者损害个人、组织合法权益的，依照有关法律、行政法规的规定处罚。

第五十二条 违反本法规定，给他人造成损害的，依法承担民事责任。

违反本法规定，构成违反治安管理行为的，依法给予治安管理处罚；构成犯罪的，依法追究刑事责任。

第七章 附则

第五十三条 开展涉及国家秘密的数据处理活动，适用《中华人民共和国保守国家秘密法》等法律、行政法规的规定。

在统计、档案工作中开展数据处理活动，开展涉及个人信息的数据处理活动，还应当遵守有关法律、行政法规的规定。

第五十四条　军事数据安全保护的办法,由中央军事委员会依据本法另行制定。

第五十五条　本法自 2021 年 9 月 1 日起施行。

中华人民共和国个人信息保护法

（2021 年 8 月 20 日第十三届全国人民代表大会常务委员会第三十次会议通过）

第一章　总则

第一条　为了保护个人信息权益，规范个人信息处理活动，促进个人信息合理利用，根据宪法，制定本法。

第二条　自然人的个人信息受法律保护，任何组织、个人不得侵害自然人的个人信息权益。

第三条　在中华人民共和国境内处理自然人个人信息的活动，适用本法。

在中华人民共和国境外处理中华人民共和国境内自然人个人信息的活动，有下列情形之一的，也适用本法：

（一）以向境内自然人提供产品或者服务为目的；

（二）分析、评估境内自然人的行为；

（三）法律、行政法规规定的其他情形。

第四条　个人信息是以电子或者其他方式记录的与已识别或者可识别的自然人有关的各种信息，不包括匿名化处理后的信息。

个人信息的处理包括个人信息的收集、存储、使用、加工、传输、提供、公开、删除等。

第五条　处理个人信息应当遵循合法、正当、必要和诚信原则，不得通过误导、欺诈、胁迫等方式处理个人信息。

第六条　处理个人信息应当具有明确、合理的目的，并应当与处理目的直接相关，采取对个人权益影响最小的方式。

收集个人信息,应当限于实现处理目的的最小范围,不得过度收集个人信息。

第七条 处理个人信息应当遵循公开、透明原则,公开个人信息处理规则,明示处理的目的、方式和范围。

第八条 处理个人信息应当保证个人信息的质量,避免因个人信息不准确、不完整对个人权益造成不利影响。

第九条 个人信息处理者应当对其个人信息处理活动负责,并采取必要措施保障所处理的个人信息的安全。

第十条 任何组织、个人不得非法收集、使用、加工、传输他人个人信息,不得非法买卖、提供或者公开他人个人信息;不得从事危害国家安全、公共利益的个人信息处理活动。

第十一条 国家建立健全个人信息保护制度,预防和惩治侵害个人信息权益的行为,加强个人信息保护宣传教育,推动形成政府、企业、相关社会组织、公众共同参与个人信息保护的良好环境。

第十二条 国家积极参与个人信息保护国际规则的制定,促进个人信息保护方面的国际交流与合作,推动与其他国家、地区、国际组织之间的个人信息保护规则、标准等互认。

第二章　个人信息处理规则

第一节 一般规定

第十三条 符合下列情形之一的,个人信息处理者方可处理个人信息:

(一)取得个人的同意;

(二)为订立、履行个人作为一方当事人的合同所必需,或者按照依法制定的劳动规章制度和依法签订的集体合同实施人力资源管理所必需;

（三）为履行法定职责或者法定义务所必需；

（四）为应对突发公共卫生事件，或者紧急情况下为保护自然人的生命健康和财产安全所必需；

（五）为公共利益实施新闻报道、舆论监督等行为，在合理的范围内处理个人信息；

（六）依照本法规定在合理的范围内处理个人自行公开或者其他已经合法公开的个人信息；

（七）法律、行政法规规定的其他情形。

依照本法其他有关规定，处理个人信息应当取得个人同意，但是有前款第二项至第七项规定情形的，不需取得个人同意。

第十四条 基于个人同意处理个人信息的，该同意应当由个人在充分知情的前提下自愿、明确作出。法律、行政法规规定处理个人信息应当取得个人单独同意或者书面同意的，从其规定。

个人信息的处理目的、处理方式和处理的个人信息种类发生变更的，应当重新取得个人同意。

第十五条 基于个人同意处理个人信息的，个人有权撤回其同意。个人信息处理者应当提供便捷的撤回同意的方式。

个人撤回同意，不影响撤回前基于个人同意已进行的个人信息处理活动的效力。

第十六条 个人信息处理者不得以个人不同意处理其个人信息或者撤回同意为由，拒绝提供产品或者服务；处理个人信息属于提供产品或者服务所必需的除外。

第十七条 个人信息处理者在处理个人信息前，应当以显著方式、清晰易懂的语言真实、准确、完整地向个人告知下列事项：

（一）个人信息处理者的名称或者姓名和联系方式；

（二）个人信息的处理目的、处理方式，处理的个人信息种类、保存期限；

(三)个人行使本法规定权利的方式和程序；

(四)法律、行政法规规定应当告知的其他事项。

前款规定事项发生变更的,应当将变更部分告知个人。

个人信息处理者通过制定个人信息处理规则的方式告知第一款规定事项的,处理规则应当公开,并且便于查阅和保存。

第十八条 个人信息处理者处理个人信息,有法律、行政法规规定应当保密或者不需要告知的情形的,可以不向个人告知前条第一款规定的事项。

紧急情况下为保护自然人的生命健康和财产安全无法及时向个人告知的,个人信息处理者应当在紧急情况消除后及时告知。

第十九条 除法律、行政法规另有规定外,个人信息的保存期限应当为实现处理目的所必要的最短时间。

第二十条 两个以上的个人信息处理者共同决定个人信息的处理目的和处理方式的,应当约定各自的权利和义务。但是,该约定不影响个人向其中任何一个个人信息处理者要求行使本法规定的权利。

个人信息处理者共同处理个人信息,侵害个人信息权益造成损害的,应当依法承担连带责任。

第二十一条 个人信息处理者委托处理个人信息的,应当与受托人约定委托处理的目的、期限、处理方式、个人信息的种类、保护措施以及双方的权利和义务等,并对受托人的个人信息处理活动进行监督。

受托人应当按照约定处理个人信息,不得超出约定的处理目的、处理方式等处理个人信息;委托合同不生效、无效、被撤销或者终止的,受托人应当将个人信息返还个人信息处理者或者予以删除,不得保留。

未经个人信息处理者同意，受托人不得转委托他人处理个人信息。

第二十二条 个人信息处理者因合并、分立、解散、被宣告破产等原因需要转移个人信息的，应当向个人告知接收方的名称或者姓名和联系方式。接收方应当继续履行个人信息处理者的义务。接收方变更原先的处理目的、处理方式的，应当依照本法规定重新取得个人同意。

第二十三条 个人信息处理者向其他个人信息处理者提供其处理的个人信息的，应当向个人告知接收方的名称或者姓名、联系方式、处理目的、处理方式和个人信息的种类，并取得个人的单独同意。接收方应当在上述处理目的、处理方式和个人信息的种类等范围内处理个人信息。接收方变更原先的处理目的、处理方式的，应当依照本法规定重新取得个人同意。

第二十四条 个人信息处理者利用个人信息进行自动化决策，应当保证决策的透明度和结果公平、公正，不得对个人在交易价格等交易条件上实行不合理的差别待遇。

通过自动化决策方式向个人进行信息推送、商业营销，应当同时提供不针对其个人特征的选项，或者向个人提供便捷的拒绝方式。

通过自动化决策方式作出对个人权益有重大影响的决定，个人有权要求个人信息处理者予以说明，并有权拒绝个人信息处理者仅通过自动化决策的方式作出决定。

第二十五条 个人信息处理者不得公开其处理的个人信息，取得个人单独同意的除外。

第二十六条 在公共场所安装图像采集、个人身份识别设备，应当为维护公共安全所必需，遵守国家有关规定，并设置显著的提示标识。所收集的个人图像、身份识别信息只能用于维护公共安全的目的,不得用于其他目的;取得个人单独同意的除外。

第二十七条　个人信息处理者可以在合理的范围内处理个人自行公开或者其他已经合法公开的个人信息;个人明确拒绝的除外。个人信息处理者处理已公开的个人信息,对个人权益有重大影响的,应当依照本法规定取得个人同意。

第二节　敏感个人信息的处理规则

第二十八条　敏感个人信息是一旦泄露或者非法使用,容易导致自然人的人格尊严受到侵害或者人身、财产安全受到危害的个人信息,包括生物识别、宗教信仰、特定身份、医疗健康、金融账户、行踪轨迹等信息,以及不满十四周岁未成年人的个人信息。

只有在具有特定的目的和充分的必要性,并采取严格保护措施的情形下,个人信息处理者方可处理敏感个人信息。

第二十九条　处理敏感个人信息应当取得个人的单独同意;法律、行政法规规定处理敏感个人信息应当取得书面同意的,从其规定。

第三十条　个人信息处理者处理敏感个人信息的,除本法第十七条第一款规定的事项外,还应当向个人告知处理敏感个人信息的必要性以及对个人权益的影响;依照本法规定可以不向个人告知的除外。

第三十一条　个人信息处理者处理不满十四周岁未成年人个人信息的,应当取得未成年人的父母或者其他监护人的同意。

个人信息处理者处理不满十四周岁未成年人个人信息的,应当制定专门的个人信息处理规则。

第三十二条　法律、行政法规对处理敏感个人信息规定应当取得相关行政许可或者作出其他限制的,从其规定。

第三节 国家机关处理个人信息的特别规定

第三十三条 国家机关处理个人信息的活动,适用本法;本节有特别规定的,适用本节规定。

第三十四条 国家机关为履行法定职责处理个人信息,应当依照法律、行政法规规定的权限、程序进行,不得超出履行法定职责所必需的范围和限度。

第三十五条 国家机关为履行法定职责处理个人信息,应当依照本法规定履行告知义务;有本法第十八条第一款规定的情形,或者告知将妨碍国家机关履行法定职责的除外。

第三十六条 国家机关处理的个人信息应当在中华人民共和国境内存储;确需向境外提供的,应当进行安全评估。安全评估可以要求有关部门提供支持与协助。

第三十七条 法律、法规授权的具有管理公共事务职能的组织为履行法定职责处理个人信息,适用本法关于国家机关处理个人信息的规定。

第三章　个人信息跨境提供的规则

第三十八条 个人信息处理者因业务等需要,确需向中华人民共和国境外提供个人信息的,应当具备下列条件之一:

(一)依照本法第四十条 的规定通过国家网信部门组织的安全评估;

(二)按照国家网信部门的规定经专业机构进行个人信息保护认证;

(三)按照国家网信部门制定的标准合同与境外接收方订立合同,约定双方的权利和义务;

(四)法律、行政法规或者国家网信部门规定的其他条件。

中华人民共和国缔结或者参加的国际条约、协定对向中华人民共和国境外提供个人信息的条件等有规定的,可以按照其规定执行。

个人信息处理者应当采取必要措施,保障境外接收方处理个人信息的活动达到本法规定的个人信息保护标准。

第三十九条　个人信息处理者向中华人民共和国境外提供个人信息的,应当向个人告知境外接收方的名称或者姓名、联系方式、处理目的、处理方式、个人信息的种类以及个人向境外接收方行使本法规定权利的方式和程序等事项,并取得个人的单独同意。

第四十条　关键信息基础设施运营者和处理个人信息达到国家网信部门规定数量的个人信息处理者,应当将在中华人民共和国境内收集和产生的个人信息存储在境内。确需向境外提供的,应当通过国家网信部门组织的安全评估;法律、行政法规和国家网信部门规定可以不进行安全评估的,从其规定。

第四十一条　中华人民共和国主管机关根据有关法律和中华人民共和国缔结或者参加的国际条约、协定,或者按照平等互惠原则,处理外国司法或者执法机构关于提供存储于境内个人信息的请求。非经中华人民共和国主管机关批准,个人信息处理者不得向外国司法或者执法机构提供存储于中华人民共和国境内的个人信息。

第四十二条　境外的组织、个人从事侵害中华人民共和国公民的个人信息权益,或者危害中华人民共和国国家安全、公共利益的个人信息处理活动的,国家网信部门可以将其列入限制或者禁止个人信息提供清单,予以公告,并采取限制或者禁止向其提供个人信息等措施。

第四十三条　任何国家或者地区在个人信息保护方面对中华人民共和国采取歧视性的禁止、限制或者其他类似措施的,中华人民共和国可以根据实际情况对该国家或者地区对等采取措施。

第四章 个人在个人信息处理活动中的权利

第四十四条 个人对其个人信息的处理享有知情权、决定权，有权限制或者拒绝他人对其个人信息进行处理；法律、行政法规另有规定的除外。

第四十五条 个人有权向个人信息处理者查阅、复制其个人信息；有本法第十八条第一款、第三十五条规定情形的除外。

个人请求查阅、复制其个人信息的，个人信息处理者应当及时提供。

个人请求将个人信息转移至其指定的个人信息处理者，符合国家网信部门规定条件的，个人信息处理者应当提供转移的途径。

第四十六条 个人发现其个人信息不准确或者不完整的，有权请求个人信息处理者更正、补充。

个人请求更正、补充其个人信息的，个人信息处理者应当对其个人信息予以核实，并及时更正、补充。

第四十七条 有下列情形之一的，个人信息处理者应当主动删除个人信息；个人信息处理者未删除的，个人有权请求删除：

（一）处理目的已实现、无法实现或者为实现处理目的不再必要；

（二）个人信息处理者停止提供产品或者服务，或者保存期限已届满；

（三）个人撤回同意；

（四）个人信息处理者违反法律、行政法规或者违反约定处理个人信息；

（五）法律、行政法规规定的其他情形。

法律、行政法规规定的保存期限未届满，或者删除个人信息从技术上难以实现的，个人信息处理者应当停止除存储和采取必要的安全保护措施之外的处理。

第四十八条　个人有权要求个人信息处理者对其个人信息处理规则进行解释说明。

第四十九条　自然人死亡的,其近亲属为了自身的合法、正当利益,可以对死者的相关个人信息行使本章规定的查阅、复制、更正、删除等权利;死者生前另有安排的除外。

第五十条　个人信息处理者应当建立便捷的个人行使权利的申请受理和处理机制。拒绝个人行使权利的请求的,应当说明理由。

个人信息处理者拒绝个人行使权利的请求的,个人可以依法向人民法院提起诉讼。

第五章　个人信息处理者的义务

第五十一条　个人信息处理者应当根据个人信息的处理目的、处理方式、个人信息的种类以及对个人权益的影响、可能存在的安全风险等,采取下列措施确保个人信息处理活动符合法律、行政法规的规定,并防止未经授权的访问以及个人信息泄露、篡改、丢失:

(一)制定内部管理制度和操作规程;

(二)对个人信息实行分类管理;

(三)采取相应的加密、去标识化等安全技术措施;

(四)合理确定个人信息处理的操作权限,并定期对从业人员进行安全教育和培训;

(五)制定并组织实施个人信息安全事件应急预案;

(六)法律、行政法规规定的其他措施。

第五十二条　处理个人信息达到国家网信部门规定数量的个人信息处理者应当指定个人信息保护负责人,负责对个人信息处理活动以及采取的保护措施等进行监督。

个人信息处理者应当公开个人信息保护负责人的联系方式，并将个人信息保护负责人的姓名、联系方式等报送履行个人信息保护职责的部门。

第五十三条 本法第三条第二款规定的中华人民共和国境外的个人信息处理者，应当在中华人民共和国境内设立专门机构或者指定代表，负责处理个人信息保护相关事务，并将有关机构的名称或者代表的姓名、联系方式等报送履行个人信息保护职责的部门。

第五十四条 个人信息处理者应当定期对其处理个人信息遵守法律、行政法规的情况进行合规审计。

第五十五条 有下列情形之一的，个人信息处理者应当事前进行个人信息保护影响评估，并对处理情况进行记录：

（一）处理敏感个人信息；

（二）利用个人信息进行自动化决策；

（三）委托处理个人信息、向其他个人信息处理者提供个人信息、公开个人信息；

（四）向境外提供个人信息；

（五）其他对个人权益有重大影响的个人信息处理活动。

第五十六条 个人信息保护影响评估应当包括下列内容：

（一）个人信息的处理目的、处理方式等是否合法、正当、必要；

（二）对个人权益的影响及安全风险；

（三）所采取的保护措施是否合法、有效并与风险程度相适应。

个人信息保护影响评估报告和处理情况记录应当至少保存三年。

第五十七条 发生或者可能发生个人信息泄露、篡改、丢失的，个人信息处理者应当立即采取补救措施，并通知履行个人信息保护职责的部门和个人。通知应当包括下列事项：

（一）发生或者可能发生个人信息泄露、篡改、丢失的信息种类、原因和可能造成的危害；

（二）个人信息处理者采取的补救措施和个人可以采取的减轻危害的措施；

（三）个人信息处理者的联系方式。

个人信息处理者采取措施能够有效避免信息泄露、篡改、丢失造成危害的，个人信息处理者可以不通知个人；履行个人信息保护职责的部门认为可能造成危害的，有权要求个人信息处理者通知个人。

第五十八条　提供重要互联网平台服务、用户数量巨大、业务类型复杂的个人信息处理者，应当履行下列义务：

（一）按照国家规定建立健全个人信息保护合规制度体系，成立主要由外部成员组成的独立机构对个人信息保护情况进行监督；

（二）遵循公开、公平、公正的原则，制定平台规则，明确平台内产品或者服务提供者处理个人信息的规范和保护个人信息的义务；

（三）对严重违反法律、行政法规处理个人信息的平台内的产品或者服务提供者，停止提供服务；

（四）定期发布个人信息保护社会责任报告，接受社会监督。

第五十九条　接受委托处理个人信息的受托人，应当依照本法和有关法律、行政法规的规定，采取必要措施保障所处理的个人信息的安全，并协助个人信息处理者履行本法规定的义务。

第六章　履行个人信息保护职责的部门

第六十条　国家网信部门负责统筹协调个人信息保护工作和相关监督管理工作。国务院有关部门依照本法和有关法律、行政法规的规定，在各自职责范围内负责个人信息保护和监督管理工作。

县级以上地方人民政府有关部门的个人信息保护和监督管理职

责,按照国家有关规定确定。

前两款规定的部门统称为履行个人信息保护职责的部门。

第六十一条 履行个人信息保护职责的部门履行下列个人信息保护职责:

(一)开展个人信息保护宣传教育,指导、监督个人信息处理者开展个人信息保护工作;

(二)接受、处理与个人信息保护有关的投诉、举报;

(三)组织对应用程序等个人信息保护情况进行测评,并公布测评结果;

(四)调查、处理违法个人信息处理活动;

(五)法律、行政法规规定的其他职责。

第六十二条 国家网信部门统筹协调有关部门依据本法推进下列个人信息保护工作:

(一)制定个人信息保护具体规则、标准;

(二)针对小型个人信息处理者、处理敏感个人信息以及人脸识别、人工智能等新技术、新应用,制定专门的个人信息保护规则、标准;

(三)支持研究开发和推广应用安全、方便的电子身份认证技术,推进网络身份认证公共服务建设;

(四)推进个人信息保护社会化服务体系建设,支持有关机构开展个人信息保护评估、认证服务;

(五)完善个人信息保护投诉、举报工作机制。

第六十三条 履行个人信息保护职责的部门履行个人信息保护职责,可以采取下列措施:

(一)询问有关当事人,调查与个人信息处理活动有关的情况;

(二)查阅、复制当事人与个人信息处理活动有关的合同、记录、账簿以及其他有关资料；

（三）实施现场检查，对涉嫌违法的个人信息处理活动进行调查；

（四）检查与个人信息处理活动有关的设备、物品；对有证据证明是用于违法个人信息处理活动的设备、物品，向本部门主要负责人书面报告并经批准，可以查封或者扣押。

履行个人信息保护职责的部门依法履行职责，当事人应当予以协助、配合，不得拒绝、阻挠。

第六十四条　履行个人信息保护职责的部门在履行职责中，发现个人信息处理活动存在较大风险或者发生个人信息安全事件的，可以按照规定的权限和程序对该个人信息处理者的法定代表人或者主要负责人进行约谈，或者要求个人信息处理者委托专业机构对其个人信息处理活动进行合规审计。个人信息处理者应当按照要求采取措施，进行整改，消除隐患。

履行个人信息保护职责的部门在履行职责中，发现违法处理个人信息涉嫌犯罪的，应当及时移送公安机关依法处理。

第六十五条　任何组织、个人有权对违法个人信息处理活动向履行个人信息保护职责的部门进行投诉、举报。收到投诉、举报的部门应当依法及时处理，并将处理结果告知投诉、举报人。

履行个人信息保护职责的部门应当公布接受投诉、举报的联系方式。

第七章　法律责任

第六十六条　违反本法规定处理个人信息，或者处理个人信息未履行本法规定的个人信息保护义务的，由履行个人信息保护职责的部门责令改正，给予警告，没收违法所得，对违法处理个人信息的应用程序，责令暂停或者终止提供服务；拒不改正的，并处一百万元以下罚款;对直接负责的主管人员和其他直接责任人员处一万元以上十万元以下罚款。

有前款规定的违法行为,情节严重的,由省级以上履行个人信息保护职责的部门责令改正,没收违法所得,并处五千万元以下或者上一年度营业额百分之五以下罚款,并可以责令暂停相关业务或者停业整顿、通报有关主管部门吊销相关业务许可或者吊销营业执照;对直接负责的主管人员和其他直接责任人员处十万元以上一百万元以下罚款,并可以决定禁止其在一定期限内担任相关企业的董事、监事、高级管理人员和个人信息保护负责人。

第六十七条 有本法规定的违法行为的,依照有关法律、行政法规的规定记入信用档案,并予以公示。

第六十八条 国家机关不履行本法规定的个人信息保护义务的,由其上级机关或者履行个人信息保护职责的部门责令改正;对直接负责的主管人员和其他直接责任人员依法给予处分。

履行个人信息保护职责的部门的工作人员玩忽职守、滥用职权、徇私舞弊,尚不构成犯罪的,依法给予处分。

第六十九条 处理个人信息侵害个人信息权益造成损害,个人信息处理者不能证明自己没有过错的,应当承担损害赔偿等侵权责任。

前款规定的损害赔偿责任按照个人因此受到的损失或者个人信息处理者因此获得的利益确定;个人因此受到的损失和个人信息处理者因此获得的利益难以确定的,根据实际情况确定赔偿数额。

第七十条 个人信息处理者违反本法规定处理个人信息,侵害众多个人的权益的,人民检察院、法律规定的消费者组织和由国家网信部门确定的组织可以依法向人民法院提起诉讼。

第七十一条 违反本法规定,构成违反治安管理行为的,依法给予治安管理处罚;构成犯罪的,依法追究刑事责任。

第八章　附则

第七十二条 自然人因个人或者家庭事务处理个人信息的,不适用本法。

法律对各级人民政府及其有关部门组织实施的统计、档案管理活动中的个人信息处理有规定的,适用其规定。

第七十三条 本法下列用语的含义:

(一)个人信息处理者,是指在个人信息处理活动中自主决定处理目的、处理方式的组织、个人。

(二)自动化决策,是指通过计算机程序自动分析、评估个人的行为习惯、兴趣爱好或者经济、健康、信用状况等,并进行决策的活动。

(三)去标识化,是指个人信息经过处理,使其在不借助额外信息的情况下无法识别特定自然人的过程。

(四)匿名化,是指个人信息经过处理无法识别特定自然人且不能复原的过程。

第七十四条 本法自 2021 年 11 月 1 日起施行。

最高人民法院关于审理侵害信息网络传播权民事纠纷案件适用法律若干问题的规定（2020年修正）

（2012年11月26日由最高人民法院审判委员会第1561次会议通过，根据2020年12月23日最高人民法院审判委员会第1823次会议通过的《最高人民法院关于修改〈最高人民法院关于审理侵犯专利权纠纷案件应用法律若干问题的解释（二）〉等十八件知识产权类司法解释的决定》修正）

为正确审理侵害信息网络传播权民事纠纷案件，依法保护信息网络传播权，促进信息网络产业健康发展，维护公共利益，根据《中华人民共和国民法典》《中华人民共和国著作权法》《中华人民共和国民事诉讼法》等有关法律规定，结合审判实际，制定本规定。

第一条 人民法院审理侵害信息网络传播权民事纠纷案件，在依法行使裁量权时，应当兼顾权利人、网络服务提供者和社会公众的利益。

第二条 本规定所称信息网络，包括以计算机、电视机、固定电话机、移动电话机等电子设备为终端的计算机互联网、广播电视网、固定通信网、移动通信网等信息网络，以及向公众开放的局域网络。

第三条 网络用户、网络服务提供者未经许可，通过信息网络提供权利人享有信息网络传播权的作品、表演、录音录像制品，除法律、行政法规另有规定外，人民法院应当认定其构成侵害信息网络传播权行为。

通过上传到网络服务器、设置共享文件或者利用文件分享软件等方式，将作品、表演、录音录像制品置于信息网络中，使公众能够在个人选定的时间和地点下载、浏览或者其他方式获得的，人民法院应当认定其实施了前款规定的提供行为。

第四条　有证据证明网络服务提供者与他人以分工合作等方式共同提供作品、表演、录音录像制品，构成共同侵权行为的，人民法院应当判令其承担连带责任。网络服务提供者能够证明其仅提供自动接入、自动传输、信息存储空间、搜索、链接、文件分享技术等网络服务，主张其不构成共同侵权行为的，人民法院应予支持。

第五条　网络服务提供者以提供网页快照、缩略图等方式实质替代其他网络服务提供者向公众提供相关作品的，人民法院应当认定其构成提供行为。

前款规定的提供行为不影响相关作品的正常使用，且未不合理损害权利人对该作品的合法权益，网络服务提供者主张其未侵害信息网络传播权的，人民法院应予支持。

第六条　原告有初步证据证明网络服务提供者提供了相关作品、表演、录音录像制品，但网络服务提供者能够证明其仅提供网络服务，且无过错的，人民法院不应认定为构成侵权。

第七条　网络服务提供者在提供网络服务时教唆或者帮助网络用户实施侵害信息网络传播权行为的，人民法院应当判令其承担侵权责任。

网络服务提供者以言语、推介技术支持、奖励积分等方式诱导、鼓励网络用户实施侵害信息网络传播权行为的，人民法院应当认定其构成教唆侵权行为。

网络服务提供者明知或者应知网络用户利用网络服务侵害信息网络传播权，未采取删除、屏蔽、断开链接等必要措施，或者提供技术支持等帮助行为的，人民法院应当认定其构成帮助侵权行为。

第八条　人民法院应当根据网络服务提供者的过错，确定其是否承担教唆、帮助侵权责任。网络服务提供者的过错包括对于网络用户侵害信息网络传播权行为的明知或者应知。

网络服务提供者未对网络用户侵害信息网络传播权的行为主动进行审查的，人民法院不应据此认定其具有过错。

网络服务提供者能够证明已采取合理、有效的技术措施，仍难以发现网络用户侵害信息网络传播权行为的，人民法院应当认定其不具有过错。

第九条 人民法院应当根据网络用户侵害信息网络传播权的具体事实是否明显，综合考虑以下因素，认定网络服务提供者是否构成应知：

（一）基于网络服务提供者提供服务的性质、方式及其引发侵权的可能性大小，应当具备的管理信息的能力；

（二）传播的作品、表演、录音录像制品的类型、知名度及侵权信息的明显程度；

（三）网络服务提供者是否主动对作品、表演、录音录像制品进行了选择、编辑、修改、推荐等；

（四）网络服务提供者是否积极采取了预防侵权的合理措施；

（五）网络服务提供者是否设置便捷程序接收侵权通知并及时对侵权通知作出合理的反应；

（六）网络服务提供者是否针对同一网络用户的重复侵权行为采取了相应的合理措施；

（七）其他相关因素。

第十条 网络服务提供者在提供网络服务时，对热播影视作品等以设置榜单、目录、索引、描述性段落、内容简介等方式进行推荐，且公众可以在其网页上直接以下载、浏览或者其他方式获得的，人民法院可以认定其应知网络用户侵害信息网络传播权。

第十一条 网络服务提供者从网络用户提供的作品、表演、录音录像制品中直接获得经济利益的,人民法院应当认定其对该网络用户侵害信息网络传播权的行为负有较高的注意义务。

网络服务提供者针对特定作品、表演、录音录像制品投放广告获取收益,或者获取与其传播的作品、表演、录音录像制品存在其他特定联系的经济利益,应当认定为前款规定的直接获得经济利益。网络服务提供者因提供网络服务而收取一般性广告费、服务费等,不属于本款规定的情形。

第十二条 有下列情形之一的,人民法院可以根据案件具体情况,认定提供信息存储空间服务的网络服务提供者应知网络用户侵害信息网络传播权:

(一)将热播影视作品等置于首页或者其他主要页面等能够为网络服务提供者明显感知的位置的;

(二)对热播影视作品等的主题、内容主动进行选择、编辑、整理、推荐,或者为其设立专门的排行榜的;

(三)其他可以明显感知相关作品、表演、录音录像制品为未经许可提供,仍未采取合理措施的情形。

第十三条 网络服务提供者接到权利人以书信、传真、电子邮件等方式提交的通知及构成侵权的初步证据,未及时根据初步证据和服务类型采取必要措施的,人民法院应当认定其明知相关侵害信息网络传播权行为。

第十四条 人民法院认定网络服务提供者转送通知、采取必要措施是否及时,应当根据权利人提交通知的形式,通知的准确程度,采取措施的难易程度,网络服务的性质,所涉作品、表演、录音录像制品的类型、知名度、数量等因素综合判断。

第十五条 侵害信息网络传播权民事纠纷案件由侵权行为地或者被告住所地人民法院管辖。侵权行为地包括实施被诉侵权行为的网络服务器、计算机终端等设备所在地。侵权行为地和被告住所地均难以确定或者在境外的，原告发现侵权内容的计算机终端等设备所在地可以视为侵权行为地。

第十六条 本规定施行之日起，《最高人民法院关于审理涉及计算机网络著作权纠纷案件适用法律若干问题的解释》（法释〔2006〕11号）同时废止。

本规定施行之后尚未终审的侵害信息网络传播权民事纠纷案件，适用本规定。本规定施行前已经终审，当事人申请再审或者按照审判监督程序决定再审的，不适用本规定。

最高人民法院关于审理利用信息网络侵害人身权益民事纠纷案件适用法律若干问题的规定（2020 年修正）

（2014 年 6 月 23 日由最高人民法院审判委员会第 1621 次会议通过，根据 2020 年 12 月 23 日最高人民法院审判委员会第 1823 次会议通过的《最高人民法院关于修改〈最高人民法院关于在民事审判工作中适用《中华人民共和国工会法》若干问题的解释〉等二十七件民事类司法解释的决定》修正）

为正确审理利用信息网络侵害人身权益民事纠纷案件，根据《中华人民共和国民法典》《全国人民代表大会常务委员会关于加强网络信息保护的决定》《中华人民共和国民事诉讼法》等法律的规定，结合审判实践，制定本规定。

第一条 本规定所称的利用信息网络侵害人身权益民事纠纷案件，是指利用信息网络侵害他人姓名权、名称权、名誉权、荣誉权、肖像权、隐私权等人身权益引起的纠纷案件。

第二条 原告依据民法典第一千一百九十五条、第一千一百九十七条的规定起诉网络用户或者网络服务提供者的，人民法院应予受理。

原告仅起诉网络用户，网络用户请求追加涉嫌侵权的网络服务提供者为共同被告或者第三人的，人民法院应予准许。

原告仅起诉网络服务提供者，网络服务提供者请求追加可以确定的网络用户为共同被告或者第三人的，人民法院应予准许。

第三条 原告起诉网络服务提供者，网络服务提供者以涉嫌侵权的信息系网络用户发布为由抗辩的，人民法院可以根据原告的请求及案件的具体情况，责令网络服务提供者向人民法院提供能够确定涉嫌侵权的网络用户的姓名(名称)、联系方式、网络地址等信息。

网络服务提供者无正当理由拒不提供的,人民法院可以依据民事诉讼法第一百一十四条的规定对网络服务提供者采取处罚等措施。

原告根据网络服务提供者提供的信息请求追加网络用户为被告的,人民法院应予准许。

第四条 人民法院适用民法典第一千一百九十五条第二款的规定,认定网络服务提供者采取的删除、屏蔽、断开链接等必要措施是否及时,应当根据网络服务的类型和性质、有效通知的形式和准确程度、网络信息侵害权益的类型和程度等因素综合判断。

第五条 其发布的信息被采取删除、屏蔽、断开链接等措施的网络用户,主张网络服务提供者承担违约责任或者侵权责任,网络服务提供者以收到民法典第一千一百九十五条第一款规定的有效通知为由抗辩的,人民法院应予支持。

第六条 人民法院依据民法典第一千一百九十七条认定网络服务提供者是否"知道或者应当知道",应当综合考虑下列因素:

(一)网络服务提供者是否以人工或者自动方式对侵权网络信息以推荐、排名、选择、编辑、整理、修改等方式作出处理;

(二)网络服务提供者应当具备的管理信息的能力,以及所提供服务的性质、方式及其引发侵权的可能性大小;

(三)该网络信息侵害人身权益的类型及明显程度;

(四)该网络信息的社会影响程度或者一定时间内的浏览量;

(五)网络服务提供者采取预防侵权措施的技术可能性及其是否采取了相应的合理措施;

(六)网络服务提供者是否针对同一网络用户的重复侵权行为或者同一侵权信息采取了相应的合理措施;

(七)与本案相关的其他因素。

第七条 人民法院认定网络用户或者网络服务提供者转载网络信息行为的过错及其程度,应当综合以下因素:

(一)转载主体所承担的与其性质、影响范围相适应的注意义务;

(二)所转载信息侵害他人人身权益的明显程度;

(三)对所转载信息是否作出实质性修改,是否添加或者修改文章标题,导致其与内容严重不符以及误导公众的可能性。

第八条 网络用户或者网络服务提供者采取诽谤、诋毁等手段,损害公众对经营主体的信赖,降低其产品或者服务的社会评价,经营主体请求网络用户或者网络服务提供者承担侵权责任的,人民法院应依法予以支持。

第九条 网络用户或者网络服务提供者,根据国家机关依职权制作的文书和公开实施的职权行为等信息来源所发布的信息,有下列情形之一,侵害他人人身权益,被侵权人请求侵权人承担侵权责任的,人民法院应予支持:

(一)网络用户或者网络服务提供者发布的信息与前述信息来源内容不符;

(二)网络用户或者网络服务提供者以添加侮辱性内容、诽谤性信息、不当标题或者通过增删信息、调整结构、改变顺序等方式致人误解;

(三)前述信息来源已被公开更正,但网络用户拒绝更正或者网络服务提供者不予更正;

(四)前述信息来源已被公开更正,网络用户或者网络服务提供者仍然发布更正之前的信息。

第十条 被侵权人与构成侵权的网络用户或者网络服务提供者达成一方支付报酬,另一方提供删除、屏蔽、断开链接等服务的协议,人民法院应认定为无效。

擅自篡改、删除、屏蔽特定网络信息或者以断开链接的方式阻止他人获取网络信息,发布该信息的网络用户或者网络服务提供者请求侵权人承担侵权责任的,人民法院应予支持。接受他人委托实施该行为的,委托人与受托人承担连带责任。

第十一条 网络用户或者网络服务提供者侵害他人人身权益,造成财产损失或者严重精神损害,被侵权人依据民法典第一千一百八十二条和第一千一百八十三条的规定,请求其承担赔偿责任的,人民法院应予支持。

第十二条 被侵权人为制止侵权行为所支付的合理开支,可以认定为民法典第一千一百八十二条规定的财产损失。合理开支包括被侵权人或者委托代理人对侵权行为进行调查、取证的合理费用。人民法院根据当事人的请求和具体案情,可以将符合国家有关部门规定的律师费用计算在赔偿范围内。

被侵权人因人身权益受侵害造成的财产损失以及侵权人因此获得的利益难以确定的,人民法院可以根据具体案情在 50 万元以下的范围内确定赔偿数额。

第十三条 本规定施行后人民法院正在审理的一审、二审案件适用本规定。

本规定施行前已经终审,本规定施行后当事人申请再审或者按照审判监督程序决定再审的案件,不适用本规定。

最高人民法院关于审理使用人脸识别技术处理个人信息相关民事案件适用法律若干问题的规定

（2021年6月8日最高人民法院审判委员会第1841次会议通过，自2021年8月1日起施行）

为正确审理使用人脸识别技术处理个人信息相关民事案件，保护当事人合法权益，促进数字经济健康发展，根据《中华人民共和国民法典》《中华人民共和国网络安全法》《中华人民共和国消费者权益保护法》《中华人民共和国电子商务法》《中华人民共和国民事诉讼法》等法律的规定，结合审判实践，制定本规定。

第一条 因信息处理者违反法律、行政法规的规定或者双方的约定使用人脸识别技术处理人脸信息、处理基于人脸识别技术生成的人脸信息所引起的民事案件，适用本规定。

人脸信息的处理包括人脸信息的收集、存储、使用、加工、传输、提供、公开等。

本规定所称人脸信息属于民法典第一千零三十四条规定的"生物识别信息"。

第二条 信息处理者处理人脸信息有下列情形之一的，人民法院应当认定属于侵害自然人人格权益的行为：

（一）在宾馆、商场、银行、车站、机场、体育场馆、娱乐场所等经营场所、公共场所违反法律、行政法规的规定使用人脸识别技术进行人脸验证、辨识或者分析；

（二）未公开处理人脸信息的规则或者未明示处理的目的、方式、范围；

（三）基于个人同意处理人脸信息的，未征得自然人或者其监护

人的单独同意,或者未按照法律、行政法规的规定征得自然人或者其监护人的书面同意;

(四)违反信息处理者明示或者双方约定的处理人脸信息的目的、方式、范围等;

(五)未采取应有的技术措施或者其他必要措施确保其收集、存储的人脸信息安全,致使人脸信息泄露、篡改、丢失;

(六)违反法律、行政法规的规定或者双方的约定,向他人提供人脸信息;

(七)违背公序良俗处理人脸信息;

(八)违反合法、正当、必要原则处理人脸信息的其他情形。

第三条 人民法院认定信息处理者承担侵害自然人人格权益的民事责任,应当适用民法典第九百九十八条的规定,并结合案件具体情况综合考量受害人是否为未成年人、告知同意情况以及信息处理的必要程度等因素。

第四条 有下列情形之一,信息处理者以已征得自然人或者其监护人同意为由抗辩的,人民法院不予支持:

(一)信息处理者要求自然人同意处理其人脸信息才提供产品或者服务的,但是处理人脸信息属于提供产品或者服务所必需的除外;

(二)信息处理者以与其他授权捆绑等方式要求自然人同意处理其人脸信息的;

(三)强迫或者变相强迫自然人同意处理其人脸信息的其他情形。

第五条 有下列情形之一,信息处理者主张其不承担民事责任的,人民法院依法予以支持:

(一)为应对突发公共卫生事件,或者紧急情况下为保护自然人的生命健康和财产安全所必需而处理人脸信息的;

（二）为维护公共安全，依据国家有关规定在公共场所使用人脸识别技术的；

（三）为公共利益实施新闻报道、舆论监督等行为在合理的范围内处理人脸信息的；

（四）在自然人或者其监护人同意的范围内合理处理人脸信息的；

（五）符合法律、行政法规规定的其他情形。

第六条　当事人请求信息处理者承担民事责任的，人民法院应当依据民事诉讼法第六十四条及《最高人民法院关于适用〈中华人民共和国民事诉讼法〉的解释》第九十条、第九十一条，《最高人民法院关于民事诉讼证据的若干规定》的相关规定确定双方当事人的举证责任。

信息处理者主张其行为符合民法典第一千零三十五条第一款规定情形的，应当就此所依据的事实承担举证责任。

信息处理者主张其不承担民事责任的，应当就其行为符合本规定第五条规定的情形承担举证责任。

第七条　多个信息处理者处理人脸信息侵害自然人人格权益，该自然人主张多个信息处理者按照过错程度和造成损害结果的大小承担侵权责任的，人民法院依法予以支持；符合民法典第一千一百六十八条、第一千一百六十九条第一款、第一千一百七十条、第一千一百七十一条等规定的相应情形，该自然人主张多个信息处理者承担连带责任的，人民法院依法予以支持。

信息处理者利用网络服务处理人脸信息侵害自然人人格权益的，适用民法典第一千一百九十五条、第一千一百九十六条、第一千一百九十七条等规定。

第八条　信息处理者处理人脸信息侵害自然人人格权益造成财

产损失，该自然人依据民法典第一千一百八十二条主张财产损害赔偿的，人民法院依法予以支持。

自然人为制止侵权行为所支付的合理开支，可以认定为民法典第一千一百八十二条规定的财产损失。合理开支包括该自然人或者委托代理人对侵权行为进行调查、取证的合理费用。人民法院根据当事人的请求和具体案情，可以将合理的律师费用计算在赔偿范围内。

第九条 自然人有证据证明信息处理者使用人脸识别技术正在实施或者即将实施侵害其隐私权或者其他人格权益的行为，不及时制止将使其合法权益受到难以弥补的损害，向人民法院申请采取责令信息处理者停止有关行为的措施的，人民法院可以根据案件具体情况依法作出人格权侵害禁令。

第十条 物业服务企业或者其他建筑物管理人以人脸识别作为业主或者物业使用人出入物业服务区域的唯一验证方式，不同意的业主或者物业使用人请求其提供其他合理验证方式的，人民法院依法予以支持。

物业服务企业或者其他建筑物管理人存在本规定第二条规定的情形，当事人请求物业服务企业或者其他建筑物管理人承担侵权责任的，人民法院依法予以支持。

第十一条 信息处理者采用格式条款与自然人订立合同，要求自然人授予其无期限限制、不可撤销、可任意转授权等处理人脸信息的权利，该自然人依据民法典第四百九十七条请求确认格式条款无效的，人民法院依法予以支持。

第十二条 信息处理者违反约定处理自然人的人脸信息，该自然人请求其承担违约责任的，人民法院依法予以支持。该自然人请求信息处理者承担违约责任时，请求删除人脸信息的，人民法院依法予以支持;信息处理者以双方未对人脸信息的删除作出约定为由抗辩的,人民法院不予支持。

第十三条 基于同一信息处理者处理人脸信息侵害自然人人格权益发生的纠纷,多个受害人分别向同一人民法院起诉的,经当事人同意,人民法院可以合并审理。

第十四条 信息处理者处理人脸信息的行为符合民事诉讼法第五十五条、消费者权益保护法第四十七条或者其他法律关于民事公益诉讼的相关规定,法律规定的机关和有关组织提起民事公益诉讼的,人民法院应予受理。

第十五条 自然人死亡后,信息处理者违反法律、行政法规的规定或者双方的约定处理人脸信息,死者的近亲属依据民法典第九百九十四条请求信息处理者承担民事责任的,适用本规定。

第十六条 本规定自 2021 年 8 月 1 日起施行。

信息处理者使用人脸识别技术处理人脸信息、处理基于人脸识别技术生成的人脸信息的行为发生在本规定施行前的,不适用本规定。

主要参考文献

一、中文文献

(一)论文

[1] 蒋兆康:《市场经济及其法律需求与供给:一种法律经济学分析》,载《法学》1993 年第 3 期。

[2] 苏力:《法律活动专门化的法律社会学思考》,载《中国社会科学》1994 年第 6 期。

[3] 李晓安、曾敬:《法律效益探析》,载《中国法学》1994 年第 6 期。

[4] 王晓晔:《社会主义市场经济条件下的反垄断法》,载《中国社会科学》1996 年第 1 期。

[5] 郑凯:《经济发展与刑事犯罪的关系探讨》,载《中央政法管理干部学院学报》1998 年第 5 期。

[6] 程卫东:《跨境数据流动的法律监管》,载《政治与法律》1998 年第 3 期。

[7] 翟林瑜:《经济发展与法律制度:兼论效率、公正与契约》,载《经济研究》1999 年第 1 期。

[8] 袁晓东、李晓桃:《电子数据库的法律保护:兼评我国首例数据信息不正当商业竞争案》,载《法学》2000 年第 5 期。

[9] 侯猛:《最高法院规制经济的功能:再评"中福实业公司担保

案"》，载《法学》2001 年第 12 期。

[10] 冉井富:《现代进程与诉讼:1978－2000 年社会经济发展与诉讼率变迁的实证分析》，载《江苏社会科学》2003 年第 1 期。

[11] 侯猛:《最高人民法院如何规制经济:外部协调成本的考察》，载《法商研究》2004 年第 6 期。

[12] 赵海峰、李滨:《欧盟法院体系:区域经济一体化司法机构的典范》，载《人民司法》2005 年第 7 期。

[13] 汤鸣、李浩:《民事诉讼率:主要影响因素之分析》，载《法学家》2006 年第 3 期。

[14] 相丽玲、曹平、武晓霞:《试析我国个人数据法律保护的趋势》，载《情报理论与实践》2006 年第 2 期。

[15] 袁勤俭:《数字鸿沟的危害性及其跨越策略》，载《中国图书馆学报》2007 年第 4 期。

[16] 李清池:《法律、金融与经济发展:比较法的量化进路及其检讨》，载《比较法研究》2007 年第 6 期。

[17] 方乐:《转型中的司法策略》，载《法制与社会发展》2007 年第 2 期。

[18] 张维:《规则和民意:关涉司法公正的标准分析》，载《人民司法》2007 年第 11 期。

[19] 陈信元、李莫愁等:《司法独立性与投资者保护法律实施:最高人民法院"1/15 通知"的市场反应》，载《经济学(季刊)》2009 年第 1 期。

[20] 刘润达、孙九林、廖顺宝:《科学数据共享中数据授权问题初探》，载《情报杂志》2010 年第 12 期。

[21] 孙佑海:《〈关于为加快经济发展方式转变提供司法保障和服务的若干意见〉的理解与适用》，载《人民司法》2010 年第 21 期。

［22］史际春：《转变经济发展方式的法治保障》，载《安徽大学学报（哲学社会科学版）》2011 年第 5 期。

［23］黄韬：《中国式的公正政策法院：以我国法院对金融案件的处理为例》，载《社会科学研究》2011 年第 6 期。

［24］李建州、蒋亚辉：《司法运行困境引起的流动人口管理改革思考》，载《人民司法》2011 年第 13 期。

［25］罗东川、吴兆祥、陈龙业：《〈关于依法妥善审理民间借贷纠纷案件促进经济发展维护社会稳定的通知〉的理解与适用》，载《人民司法》2012 年第 7 期。

［26］蒋洁：《云数据隐私侵权风险与矫正策略》，载《情报杂志》2012 年第 7 期。

［27］贺栩栩：《比较法上的个人数据信息自决权》载《比较法研究》2013 年第 2 期。

［28］王利明：《论个人信息权的法律保护：以个人信息权与隐私权的分界为中心》，载《现代法学》2013 年第 4 期。

［29］吴汉东、锁福涛：《中国知识产权司法保护的理念与政策》，载《当代法学》2013 年第 6 期。

［30］李学尧、葛岩、何俊涛、秦裕林：《认识流畅度对司法裁判的影响》，载《中国社会科学》2014 年第 5 期。

［31］于志刚、李源粒：《大数据时代数据犯罪的制裁思路》，载《中国社会科学》2014 年第 10 期。

［32］戴丽娜：《数字经济时代的数据安全风险与治理》，载《信息安全与通信保密》2015 年第 11 期。

［33］王玉林、高富平：《大数据的财产属性研究》，载《图书与情报》2016 年第 1 期。

［34］汤琪：《大数据交易中的产权问题研究》，载《图书与情报》2016

年第 4 期。

[35] 弓永钦、王健:《个人数据跨境流动立法对我国数据外包业务的影响》,载《国际经济合作》2016 年第 4 期。

[36] 孙笑侠:《基于规则与事实的司法哲学范畴》,载《中国社会科学》2016 年第 7 期。

[37] 张晓娟、王文强、唐长乐:《中美政府数据开放和个人隐私保护的政策法规研究》,载《情报理论与实践》2016 年第 1 期。

[38] 周念利、李玉昊:《全球数字贸易治理体系建构过程中的美欧分歧》,载《理论视野》2017 年第 9 期。

[39] 张泽平:《全球治理背景下国际税收秩序的挑战与变革》,载《中国法学》2017 年第 3 期。

[40] 熊秋红:《为什么要设立互联网法院》,载《人民论坛》2018 年 2 期。

[41] 龙卫球:《再论企业数据保护的财产权化路径》,载《东方法学》2018 年第 3 期。

[42] 左卫民:《迈向大数据法律研究》,载《法学研究》2018 年第 4 期。

[43] 李平:《数字经济下新商业模式的税收治理探析》,载《国际税收》2018 年第 5 期。

[44] 郑成良、李文杰:《"司法信赖"生成机制研究:基于上海法院陪审运行的实证研究》,载《社会科学战线》2018 年第 10 期。

[45] 梁坤:《基于数据主权的国家刑事取证管辖模式》,载《法学研究》2019 年第 2 期。

[46] 李梦琳:《论网络直播平台的监管机制:以看门人理论的新发展为视角》,载《行政法学研究》2019 年第 4 期。

[47] 季卫东:《人工智能开发的理念、法律以及政策》,载《东方法学》2019 年第 5 期。

[48] 茶洪旺、付伟、郑婷婷:《数据跨境流动政策的国际比较与反思》,载《电子政务》2019 年第 5 期。

[49] 熊鸿儒:《我国数字经济发展中的平台垄断及其治理策略》,载《改革》2019 年第 7 期。

[50] 刘磊:《基层法院对县域经济发展的回应形态及其形塑机理:兼评司法地方保护主义话语》,载《华中科技大学学报》2019 年第 5 期。

[51] 高德步:《数字瘾性经济的危害与治理》,载《人民论坛》2020 年第 1 期。

[52] 申卫星:《法学研究新范式:计算法学的内涵、范畴与方法》,载《法学研究》2020 年第 5 期。

[53] 马长山:《数字社会的治理逻辑及其法治化展开》,载《法律科学(西北政法大学学报)》2020 年第 5 期。

[54] 杨学敏、刘特、郑跃平:《数字治理领域公私合作研究述评:实践、议题和展望》,载《公共管理与政策评论》2020 年第 9 期。

[55] 陈文、张磊、杨涛:《数据治理视角下央行数字货币的发行设计创新》,载《改革》2020 年第 9 期。

[56] 于施洋、王建冬、郭巧敏:《我国建构数据新型要素市场体系面临的挑战和对策》,载《电子政务》2020 年第 3 期。

[57] 童锋、张革:《中国发展数字经济的内涵特征、独特优势及路径依赖》,载《科技管理研究》2020 年第 2 期。

[58] 石经海、苏桑妮:《爬取公开数据行为的刑法规制误区与匡正:从全国首例"爬虫"入刑案切入》,载《北京理工大学学报(社会科学版)》2021 年第 4 期。

[59] 马国洋、丁超帆:《论城市经济发展对司法发展的影响:基于全国 31 个直辖市和省会城市的调查分析》,载《城市发展研究》

2021 年第 6 期。

[60] 李辉、李一璇、赵家正:《经济增长与司法信任关系的实证研究》,载《西安科技大学学报》2021 年第 6 期。

[61] 江小涓:《加强顶层涉及 解决突出问题 协调推进数字政府建设与行政体制改革》,载《中国行政管理》2021 年第 12 期。

[62] 殷兴山:《大力推进金融业数字化改革》,载《中国金融》2021 年第 12 期。

[63] 孙晋:《数字平台的反垄断监管》,载《中国社会科学》2021 年第 5 期。

[64] 张凯:《金融数据治理的突出困境与创新策略》,载《西南金融》2021 年第 9 期。

[65] 张守文:《消费者信息权的法律拓展与综合保护》,载《法学》2021 年第 12 期。

[66] 杨琴:《数字经济时代数据流通利用的数权激励》,载《政治与法律》2021 年第 12 期。

[67] 江小涓:《中国数字经济发展的回顾与展望》,载《中共中央党校(国家行政学院)学报》2022 年第 1 期。

[68] 徐康宁:《数字经济对世界经济的深刻影响及其全球治理》,载《华南师范大学学报(社会科学版)》2022 年第 1 期。

[69] 余南平:《数字经济时代的新型国际竞争》,载《现代国际关系》2022 年第 1 期。

[70] 阙天舒、王子玥:《数字经济时代的全球数据安全治理与中国策略》,载《国际安全研究》2022 年第 1 期。

[71] 李学尧、刘庄:《矫饰的技术:司法说理与判决中的偏见》,载《中国法律评论》2022 年第 2 期。

[72] 王磊、杨宜勇:《数字经济高质量发展的五大瓶颈及破解对策》,

载《宏观经济研究》2022 年第 2 期。

[73] 张荣刚、尉钏：《〈民法典〉之数字经济治理效能论析》，载《北京理工大学学报（社会科学版）》2022 年第 2 期。

[74] 付新华：《企业数据财产权保护论批判：从数据财产权到数据使用权》，载《东方法学》2022 年第 2 期。

[75] 赵建华、杜传华：《数字经济推动政府治理变革的机制、困境与出路分析》，载《理论探索》2022 年第 2 期。

[76] 唐巧盈、杨嵘均：《跨境数据流动治理的双重悖论、运演逻辑及其趋势》，载《东南学术》2022 年第 2 期。

[77] 李昊林、彭樽：《良好数字生态与数字规则体系建构》，载《电子政务》2022 年第 3 期。

[78] 王世强：《平台化、平台反垄断与我国数字经济》，载《经济学家》2022 年第 3 期。

[79] 张茉楠：《全球数字治理博弈与中国的应对》，载《当代世界》2022 年第 3 期。

[80] 申卫星：《数字权利体系再造：迈向隐私、信息与数据的差序格局》，载《政法论坛》2022 年第 3 期。

[81] 马长山：《数智治理的法治悖论》，载《东方法学》2022 年第 4 期。

[82] 景汉朝：《互联网法院的时代创新与中国贡献》，载《中国法学》2022 年第 4 期。

[83] 贾宇：《数字经济刑事法治保障研究》，载《中国刑事法杂志》2022 年第 5 期。

[84] 王晓晔：《中国数字经济领域反垄断监管的理论与实践》，载《中国社会科学院大学学报》2022 年第 5 期。

[85] 洪学军：《关于加强数字法治建设的若干思考：以算法、数据、平台治理法治化为视角》，载《法律适用》2022 年第 5 期。

[86] 程金华:《法院"案多人少"的跨国比较:对美国、日本和中国的实证分析》,载《社会科学辑刊》2022年第5期。

[87] 张吉豫:《数字法理的基础概念与命题》,载《法制与社会发展》2022年第5期。

[88] 顾全:《数字经济案件分类体系及裁判规则研究》,载《中国应用法学》2022年第5期。

[89] 张文魁:《数字经济中的数权体系与数据法院》,载《清华管理评论》2022年第5期。

[90] 李三希、张明圣、陈煜:《中国平台经济反垄断:进展与展望》,载《改革》2022年第6期。

[91] 蒋慧:《数字经济时代平台治理的困境及其法治化出路》,载《法商研究》2022年第6期。

[92] 关乐宁:《元宇宙新型消费的价值意蕴、创新路径与治理框架》,载《电子政务》2022年第7期。

[93] 龚强、班铭媛、刘冲:《数据交易之悖论与突破:不完全契约视角》,载《经济研究》2022年第7期。

[94] 黄勇:《论我国反垄断司法实践的新挑战及其应对》,载《法律适用》2022年第9期。

[95] 富新梅:《美国数字经济领域反垄断的转向及其启示》,载《价格理论与实践》2022年第9期。

[96] 郭雳:《数字化时代个人金融数据治理的"精巧"进路》,载《上海交通大学学报(哲学社会科学版)》2022年第10期。

[97] 梅傲、黄林羚:《数据跨境转移的欧盟规则及对中国的启示》,载《国际贸易》2023年第3期。

[98] 丁晓东:《数据公平利用的法理反思与制度重构》,载《法学研究》2023年第2期。

(二)著作

[1] 顾培东:《社会冲突和诉讼机制》,法律出版社 2004 年版。

[2] 史晋川:《法经济学》,北京大学出版社 2007 年版。

[3] 魏建:《法经济学:分析基础与分析范式》,人民出版社 2007 年版。

[4] 黄宗智:《经验与理论:中国社会、经济与法律的实践历史研究》,中国人民大学出版社 2007 年版。

[5] 韩轶:《美国宪政民主下的司法与资本主义经济发展》,上海三联书店 2009 年版。

[6] 王泽鉴:《民法思维——请求权基础理论体系》,北京大学出版社 2013 年版。

[7] 黄韬:《公共政策法院:中国金融法制变迁的司法维度》,法律出版社 2013 年版。

[8] 张五常:《经济解释》(增订本),中信出版社 2015 年版。

[9] 杜万华主编、最高人民法院民事审判第一庭编:《民事审判指导与参考》总第 64 辑,人民法院出版社 2016 年版。

[10] 钱颖一:《现代经济学与中国经济》,中信出版集团 2017 年版。

[11] 孔祥俊:《司法哲学》,中国法制出版社 2017 年版。

[12] 刘德权总主编、王松主编:《最高人民法院司法观点集成(新编版)》(民事卷 V),中国法制出版社 2017 年版。

(三)译著

[1] [美]本杰明·卡多佐:《司法过程的性质》,苏力译,商务印书馆 1997 年版。

[2] [美]理查德· A. 波斯纳:《正义/司法的经济学》,苏力译,中国政法大学出版社 2002 年版。

[3] [美]理查德· A. 波斯纳:《证据法的经济分析》,徐昕、徐昀译,

中国法制出版社 2004 年版。

[4] [美]罗纳德· H. 科斯:《企业,市场与法律》,盛洪、陈郁校译,格致出版社、上海三联书店、上海人民出版社 2014 年版。

[5] [美]李· 爱泼斯坦、[美]威廉· M. 兰德斯等:《法官如何行为:理性选择的理论和经验研究》,黄韬译,法律出版社 2017 年版。

[6] [美]杰克· 奈特:《制度与社会冲突》,周伟林译,上海人民出版社 2017 年版。

[7] [美]E·博登海默:《法理学——法律哲学与法律方法》,邓正来译,中国政法大学出版社 2017 年版。

[8] [美]卡斯· 桑斯坦:《选择的价值:如何做出更自由的决策》,贺京同译,中信出版集团 2017 年版。

[9] [美]圭多· 卡拉布雷西:《法和经济学的未来》,郑戈译,中国政法大学出版社 2019 年版。

[10] [奥]恩斯特· A. 克莱默:《法律方法论》,周万里译,法律出版社 2019 年版。

二、外文文献

[1] Landes W. M. & Posner R. A.，"Legal Change，Judicial Behavior，and the Diversity Jurisdiction"，*The Journal of Legal Studies*，Vol.9:2，p.367 – 386(1980).

[2] Gibson J. L.，*Environmental Constraints on the Behavior of Judges：A Representational Model of Judicial Decision Making*，*Law & Society Review*，Vol.14:2，p.343 – 370(1980).

[3] Posner E. A.，"Agency Models in Law and Economics"，*SSRN Electronic Journal*，Vol.92，p.1 – 12(2000).

[4] Posner R. A.，"Judicial Behavior and Performance：An Economic Approach"，*Florida State University Law Review*，

Vol.32,p.1259 – 1278(2005).

[5] Posner R. A.,"The Role of the Judge in the Twenty-First Century", *Boston University Law Review.*, Vol.86:5, p.1050 (2006).

[6] Maroney T. A.,"Emotional Regulation and Judicial Behavior", *California Law Review*, Vol.99:6,p.1485 – 1555(2012).

[7] Chahyadi C.,Sallehu M. "Off the Hook: Does the Supreme Court's Scheme Liability Ruling Benefit Firms in Litigation-Prone Industries?", *Journal of Accounting & Finance*, Vol.12, p.2158 – 3625(2012).

[8] Gluck A. R. & Posner R. A.,"Statutory Interpretation on the Bench: A Survey of Forty-Two Judges on the Federal Courts of Appeals", *Social Science Electronic Publishing*, Vol.131, p.1298 – 1373(2018).

[9] Cooter R. & Ulen T., *Law and Economics*, Third Edition, Adison Wesley Longman, Inc., 2000.

[10] Segal J. A. & Spaeth H. J., *The Supreme Court and the Attitudinal Model Revisited*, Cambridge University Press, 2002.

[11] Parisi F. & Fon V., *The Economics of Lawmaking*, Oxford University Press, 2009.

索　引